技术4.0

テクノロジー4.0
「つながり」から生まれる新しいビジネスモデル

[日] 大前研一 著
黄竞颖 译

中信出版集团 | 北京

图书在版编目（CIP）数据

技术 4.0 /（日）大前研一著；黄竞颖译 . -- 北京：中信出版社，2020.4

ISBN 978-7-5217-1234-6

I. ①技… II. ①大… ②黄… III. ①企业管理—新技术应用 IV. ① F272.7

中国版本图书馆 CIP 数据核字（2019）第 260069 号

技术 4.0

著　　者：[日] 大前研一
译　　者：黄竞颖
出版发行：中信出版集团股份有限公司
（北京市朝阳区惠新东街甲 4 号富盛大厦 2 座　邮编　100029）
承 印 者：北京诚信伟业印刷有限公司

开　　本：880mm × 1230mm　1/32　　印　　张：6.5　　字　　数：151 千字
版　　次：2020 年 4 月第 1 版　　印　　次：2020 年 4 月第 1 次印刷
京权图字：01-2018-3579　　广告经营许可证：京朝工商广字第 8087 号
书　　号：ISBN 978-7-5217-1234-6
定　　价：49.00 元

如果想要移居数字新大陆，你就必须有破釜沉舟的勇气。

永远等待着别人去带领的人是无法横渡密西西比河的，最终只能够留在对岸。

——大前研一

目 录

前　言 – III

第一章 "技术 4.0"是什么?

形成技术 4.0 的 4 种经济 – 003
了解一项技术，从而具备"俯瞰整体的视角" – 017
"智能手机的生态系统"——智能手机的新大陆 – 024
技术 4.0 带来新差距 – 028

第二章 "金融科技"改变信用概念

技术取代国家掌控金融世界 – 037
人们不再需要基金管理人和银行? – 044
金融科技改变信用担保物 – 052
了解金融科技的四大原理 – 057
金融科技将如何扩大商机 – 065

第三章 “位置信息”带来 60 万亿日元市场的理由

从全国的消费者到你个人 – 071
自动驾驶、物体识别等运用在汽车上的位置信息技术 – 076
小型无人机的潜力 – 081
在位置信息的 3.0 时代，各种工作的效率将会提升 – 089
位置信息技术的发展将带来什么？ – 097
在旅行观光领域进行客户分析，提高服务品质 – 103
开展业务时发生风险的三大主因 – 112
从小开始，高速重复假设，进行验证 – 119

第四章 从“物联网”谈企业生存

物联网将重写行业格局 – 127
万物互联的世界将是什么样的？ – 134
德国的“工业 4.0”与美国通用电气公司的“工业网络” – 144
从宝马到 SAP，德国代表性企业都投身于“工业 4.0” – 146
物联网改变工作与生活的 7 个事例 – 153
社会、城市、基础设施都与网络互联的时代 – 165
日本企业的生存战略 – 170

附 录 – 183
后 记 – 191

前　言

智能手机带来新的经济圈

金融科技（FinTech）、位置信息、物联网（IoT）等技术的发展带来了继互联网之后的又一次技术革命浪潮，该浪潮的兴起引发了公众热议。报纸和网络上关于技术的新闻话题每天都层出不穷。

金融科技是金融与科技的结合，是撕裂传统金融服务方式的高新技术。位置信息技术利用 GPS（全球定位系统）等去获取人与物的位置，现如今这一技术还被运用于掌握商店中人员数量及其位置等。物联网则是物物相连的互联网。比如，无论是汽车还是家电，任何物品都可以安装内置传感器，并与网络连接。

人们将这样的技术革命称为“技术 4.0”。从工业革命开始，技术不断革新，时代不断发展，经过互联网革命之后，我们来到了现如今的技术 4.0 革命时代。

我认为，想要了解技术 4.0，创造出新的商业模式，就必须先了解在技术 4.0 的背景下所形成的以下 4 个经济要素。

1. 实体经济；
2. 无国界经济；
3. 互联网形成的“看不见的新大陆”；
4. 倍数的经济理论。

实体经济是一种大家都看得见的经济，是实体运作的经济。无国界经济是一种跨越国界的全球化经济。与实体经济相对立的是由互联网形成的“看不见的新大陆”，它目前正在飞速发展中。此外，加上通过倍数（评估公司价值的指标）而加速成长的经营手段，技术 4.0 的影响力也逐渐扩大。在第一章中我将通过分析这 4 个经济要素对技术 4.0 进行讨论。

以智能手机为中心的连接技术

金融科技、位置信息、物联网等都是技术的革新，但重要的是，我们要连接每一项革新技术，从而创造出新的商业模式。比如，通过获取叫车乘客的位置信息来指派附近的出租车前往搭载乘客，同时支持乘客进行手机付款，这就是位置信息与金融科技的结合运用。技术之间的多种组合可以带来多元化的服务形态。因此重要的是，我们要了解技术之间的连接，以网状视角去看待这些革新技术，而不是将其视为单一个体。

另外，大家都在使用的智能手机发挥着所有技术的媒介作用。我们通过手机可以打电话、发电子邮件、上网、看电视、听收音机、拍照、付款等。如果只是就便利性这一点而言，智能手机与其他电子产品没有太大区别，但其真正的厉害之处在于打开了技术 4.0 这一革命之窗。

以智能手机为中心连接各种各样的技术，会产生新的商业模式。换言之，通过把每一项革新技术连接起来，我们会得到新的商机。这就叫作以智能手机为中心的生态系统。多数日本企业一直着力于提高电视、相机等单一产品的性能，但现如今，智能手机包含了许多产品的功能，消费者的关注点也因此转移到“通过连接能够实现什么样的功能”上。

本书所研究的内容是金融科技、位置信息、物联网等技术具有什么样的优点，会产生什么样的商业模式。从中我们也可以看出，不同技术之间的连接能够带来更为显著的效果。技术 4.0 能够改变商业模式和现有的经济状态，在本书中，我们将一起思考，经历过互联网革命之后，世界将会走向一个怎样的未来，而我们又应当构建什么样的商业模式。

第一章

“技术 4.0”是什么？

形成技术 4.0 的 4 种经济

在进入技术 4.0 话题之前，我先来梳理一下技术 1.0、技术 2.0、技术 3.0 的概念以及这些技术在各个时期的运用、推广与变化。

技术 1.0 到技术 2.0：从工业革命到大规模生产时代

技术 1.0 是指从英国开始的工业革命，时间是从 18 世纪下半期到 19 世纪上半期。

工业革命是指技术革新所带来的产业上的变革，比如工厂代替了手工作坊，机器代替了手工劳动。工业革命还带来了经济和社会结构的大变革。

工业革命使具备蒸汽机车、汽车，甚至内燃机、机械设备的工厂开始运作，也使大规模生产成为可能。想必大家都知道，发动机的发明、电力的普及以及詹姆斯·瓦特改良蒸汽机都出现在工业革命时期。

工业革命在 20 世纪波及欧洲国家、美国甚至日本，在世界各地引发了生产技术的大变革。

技术 2.0 也就是历史上的大规模生产时代。受到工业化的影响，普通家庭也可以买到低价的产品，普通老百姓也能够使用不同文明制造的利器。因此，在普通的劳动者中诞生了一批人，也就是所谓的中产阶级，并且这一阶级的规模持续扩大。

技术 3.0：通信网络时代的开启

电话的发明与普及打开了通信网络时代的大门，这个过程也就是所谓的信息革命——技术 3.0。

可以说，电话丰富了信息的传递方式。比如留言电话，即使主人不在家，向家中打电话的人也可以留言。再比如传真机，它可以在一瞬间远程传递文字等信息。这就是信息革命的初期，从这时起一直到计算机通信技术出现，都属于技术 3.0 时代。

曾在《财富》杂志担任编辑的美国评论家阿尔文·托夫勒（Alvin Toffler）在 20 世纪 50 年代末发表了一篇名为《技术革新的第三次浪潮是脱离产业社会》的文章。

托夫勒所说的第三次浪潮是指通过“发达的网络”连接全

世界的计算机，这就是所谓的互联网第一代。

此后，计算机逐渐变小，从台式到便携式，变得越来越现代化，而托夫勒所说的第三次浪潮大概就到这里为止。

隐形的 21 世纪经济

那么，技术 4.0 究竟是什么？

2000 年 7 月，我在美国出版了一本书，叫作《看不见的新大陆》（*The Invisible Continent*）。之后因资料信息需要更新等问题，我对这本书进行了一次修订，第二年在日本东洋经济新报社重新出版了一本翻译版，叫作《新资本论》。书中描述了“隐形的 21 世纪经济”。而这正是在技术 4.0 的背景下所产生的新经济模式。

21 世纪的经济不是基于传统的实体经济理论，而是在“看不见的新大陆”中竞争发展而形成的。这隐形的经济就是由 4 个要素组成的。

形成技术 4.0 的 4 个要素分别是：实体经济、无国界经济、互联网形成的“看不见的新大陆”、倍数的经济理论。接下来我会依次进行介绍说明。

1. 实体经济

首先是实体经济，这是我们长期以来一直置身其中的一种经济状态。比如，面包店烘焙面包并将其摆在店里出售，消费者用现金购买；花农培育花草植物，花店老板通过市场将这些花草摆在店里，供消费者挑选购买。这些都是实体经济。

2. 无国界经济

（1）不是“国家”的经济

在解释无国界经济之前，我先来说明一下什么是以国界定义的国家。国家是构成这个世界的最重要的要素之一，因此不论何事，都要先有国家才能成立；其次重要的是企业的存在；最后则是人的存在。这就是国家经济的标准模式。国家基本上都是以划分国界为前提的，然后国家才拥有领土主权，并且能够制定宪法，持有通行货币，对公民征税，通过公民缴纳的税金来经营国家。这就是构成国家的要素。

但是在 21 世纪，国家与国家之间的经济界限逐渐变得模糊，甚至消失。人、物品、金钱都能跨越国界，经济不再局限于一个国家。这就是无国界经济。

在无国界经济中，最优的收益模式是在原材料最便宜的地方采购原材料，在人工费最低的地方生产，然后在消费最高的市场上销售。

（2）留不住的财富

在这里有一个大的问题，那就是无国界经济基本上不会使一个国家繁荣昌盛。比如在美国，人工费高，国民收入高，因此消费能力也高，那么国家也因此繁荣。但是在无国界经济中，如果日本或中国有人能够胜任与美国人相同的工作，那么美国人的工资就要降到与日本人或中国人一样，或者美国人就要从这两个国家进口以低廉工资生产的低价商品。

那么这个时候，国家就可能站出来去阻止这样的情况发生，而这就是所谓的保护主义政策，但国民的生活成本也因此变高了。可如果不实施保护主义政策，其国内的产业就会受到进口产业的极大冲击，从而导致大量失业。

因此，一个国家能够采取的政策只有两种。

一种是谋求生产效率的提高；另一种是通过提高知识的附加值来发展一些高新技术，制造即使价高也有人愿意掏钱购买的革新产品，而这些技术又可以在发展中国家等人工费低的地方得以实现，这也就促进了技术的革新。

（3）思想仍停留在 20 世纪的领导者

无国界经济的最高境界是跨越国界的世界最优化，也就是一个近乎残酷的、平等竞争的世界。自由贸易将造成失业，这在发达国家的领导者看来是一件很可怕的事情。

美国总统唐纳德·特朗普扬言要增加国界高度，把被墨西哥或中国夺走的工作机会抢回来，但他这个想法完全偏离了现在这个世界的重点。即使能将这些工作机会抢回来，美国人真的能接受这些工作吗？举个例子，如果把制作牛仔裤这种大批量生产的工作交给美国人来做，然后向他们支付与发展中国家人民一样的工资，会有多少美国人愿意欣然接受并且能胜任这份工作呢？

日本也是一样的。比如，很大一部分佳能的工厂都转移到了中国珠海地区或者越南。日本首相安倍晋三宣称要增加就业机会，提高薪水，但如果佳能真的将1万人规模的工厂搬回日本，日本是否能确保提供1万名员工呢？即使在30年前，工厂也无法在东京周边雇到足够的员工，所以日本只能在其东北地区建立工厂。可即便如此，日本还是雇不够员工。因此，当时工厂的招聘人员选择直接去雇用那些刚刚从初中毕业的学生。他们挨个对学校的学生开展招聘工作，但当时大部分学生的选择都是从初中直升高中。为了确保招聘到员工，他们也只能这么一步一个脚印，从两个人到三个人慢慢招募。而结果就是，日本东北地区的这些工厂陆陆续续倒闭，渐渐地都搬到中国或者越南去了。

日本首相安倍晋三曾发表这样的言论："同一种劳动，同一份工资。"这个观点同样完全偏离了现在这个世界的重点。按照他这句话来理解，不论是在日本还是在中国，只要是从事同一份工作的人，就可以领取同样的工资。

可以说，在安倍晋三的大脑中完全没有无国界经济这个概念。在21世纪这个无国界经济的世界中，如果按照"同一种劳动，同一份工资"的理念来做，那么日本人就要与中国人或越南人领同样的工资。

即使有人赞同这个做法，日本企业也已经把这些工作机会都转移到中国或越南去了。就算工厂搬回日本，能接受这些工作的日本人也就只剩下 65 岁以上的老人了。日本最丰富的资源就是老年人才，可这些人的工作效率又怎么能跟中国的年轻人相提并论呢?

（4）消费者可以享受到“高品质、低价格”的产品

无国界经济并不是只有坏处。我们作为无国界经济中的消费者也享受着优惠价格带来的好处。

优衣库将工厂设在孟加拉国和中国，不仅保证了产品质量，而且劳动力价格也很低廉。如果将工厂都搬回日本，优衣库能否雇到足够数量的员工是一个很大的问题。即使他们能够做到这一点，那么一件内衣的标价大概会是 5 000 日元。

美国搞大批量生产和大量消费，将需要大量劳动力的生产环节转移给其他国家。这使得美国的物价不会上涨，消费者可以享受低价商品。无国界经济基本上是单方面通行的，试图将中国人或者墨西哥人的工作抢回来是徒劳无功的。

当然，把工作抢回来的方法还是有的，但只有两个。如上述所说，一个是谋求革命性的生产效率的提高，其中包括用机器人代替人工。另一个方法是提供有知识附加值的高新技术工作，举个例子，戴森公司制造的商品，就算价格再高也会有人购买。

创造力，革命性的生产效率，或者说金融通信的附加值，计算机科学的附加值，要想通过这些附加值来取得胜利，你就必须培养出创造这些附加值的人才，那么教育就是至关重要的，也只有教育才能做到这一点。

领导者不在教育上下功夫，而是一再强调“抢回工作机会”和“同一种劳动，同一份工资”这些话，我不禁想问：“在这 20 年间你们都看到了什么？这是要回到 20 世纪吗？”

（5）通货紧缩是“世界最优化”的一个过程

作为消费者，我们不得不承认的一点是，高品质、低价格是无国界经济的一个好处。

日本在这 20 年间，工资基本上没有上涨，但也没有人因此饿死或是流落街头（当然要排除一小部分人），这些都得益于物价低廉。那些受 20 世纪经济思维影响的老经济学家以及依赖于他们的政治家将其称为通货紧缩，并且认为这一情况相当不好，慌慌张张地试图找出解决对策。但其实这些人早已经偏离了当今社会的重点，这根本不是用“相当不好”就能形容的状况。

一对家庭夫妇即使两人都没有稳定工作，只是靠兼职打工或是政府给予的生活补助，也是能过得下去的。也就是说，既没有人会饿死，也没有很多的失业者。

无国界经济的好处就在于物价水平比较低，一个人就算工资 20 年未变也能生活下去。因此，还在受 20 世纪经济思维影响的经济学者其实没有必要急着消除通货紧缩，因为这是世界最优化的一个过程。

3. 互联网形成的“看不见的新大陆”

（1）从数字岛屿到数字大陆

形成技术 4.0 的第三个要素是基于互联网革命而产生的网络经济空间。网络空间里仍然有经济活动，它与实体经济不同，是一种我们肉眼看不见的经济，我称之为“看不见的新大陆”。我所说的 21 世纪的经济，是指在网络空间里运作的经济活动，是人们无法用肉眼看到的经济。

互联网已经从一个简单的交流沟通的平台，发展到实现机器与机器之间的对话，机器与人类之间的对话，再发展到本书的主题——金融科技、位置信息、物联网等技术。

传真已经数字化，电话已经数字化，相机和摄像机也都已经数字化了。

以上所提到的这些都位于一个以单个物品为中心的“岛屿”，即“数字岛屿”中。多年前我出版了两本书——《看不见的新大陆》和《新资本论》，我在书中预言了关于“连接”这些岛屿将会形成一个巨大的数字新大陆的想象。因此，只有称霸这个“看不见的经济新大陆”的人才可以成为 21 世纪的王者。

回看美洲新大陆的发现以及西部大拓荒，拓荒者通过打桩等行为去占领一些土地，然后对外宣示这里就是他的地盘，以这样的方式逐渐开疆拓土到了怀俄明州以及俄勒冈州。

然而在这个以网络为基础的 21 世纪平台（即假想空间）

上，人们仅靠打桩是无法防御入侵者的。

比如，虽然乐天株式会社较早在日本国内开展电子市场业务，但如果谷歌提供谷歌支付，或者亚马逊提供亚马逊支付等结算服务，并且承诺“可以把世界上最好、最便宜的商品送到你家”，那么它们轻而易举就可以入侵乐天在日本的势力范围。

（2）为什么亚马逊可以称霸“看不见的经济新大陆”

亚马逊的创始人杰夫·贝佐斯就是称霸“看不见的经济新大陆”的其中一人。亚马逊在起步时只是一个网上书店，贝佐斯在很短的时间内将其发展成了一个庞大的电子零售网站。这一成就是相当伟大的，但其实贝佐斯在创立亚马逊的时候，就提出了这样的宣言：“亚马逊不是简单的卖书网站，而是要成为世界第一的电子零售商。”正是因为贝佐斯在起步的时候就抱有这种发展电子商务的梦想，才成就了他现如今的辉煌事业。

杰夫·贝佐斯的电子商务起步于网上书店的原因是，在当时的互联网技术下，书籍是订购出错率最低的商品。商品可分为左脑型与右脑型，而书籍属于左脑型商品。比如，输入“作家大前研一，书名，出版社”等关键词的话，买错商品的概率非常低。

订机票时选座位也是同样的道理，如果预订时输入“日本航空公司的 X 航班，目的地 Z，Y 点 Y 分，座位 F”，一般来说是不会出现错误的。因此，20 世纪 90 年代发展较好的电子商务大都依靠左脑型商品。

贝佐斯以零售为目标，也在网上销售窗帘、沙发等商品。但消费者会给出“不喜欢这种触感的产品”“实物有色差”等差评反馈，因此出现了很多退货情况，特别是鞋子，其退货情况尤为严重，“尺码不对”“穿上去不舒服”等评论相当多。

有一次，贝佐斯在美国与 Zappos（美国一家卖鞋的网站）的联合创始人见了面。Zappos 在电子商城的销量相当可观，业绩也在不断地增长。据调查，Zappos 支持“自由退货”这一服务。消费者可以同时购买三双鞋子，然后留下最合适的一双，其余两双可以退货。这么一来一去，消费者也就了解了最适合自己的尺码，退货率也降低不少。很多商业的成功都得益于抢占了先机。在其他企业面对退货堆积如山的问题时，走在前端且具有一定技术储备的企业早已经提高了业绩，并且能够接受更大的挑战。

为了实现成为世界最大的零售商这一目标，贝佐斯并没有效仿 Zappos 的做法，而是以 900 亿日元收购了 Zappos 这个销售右脑型商品的公司。贝佐斯认识到，自由退货这一服务是成功销售右脑型商品的决定性因素，因此这一服务的引进也使得亚马逊在电子商务这一领域获得了成功。

从贝佐斯的事例我们可以得知，通过弥补公司不足的部分，小岛屿也会变成一个新大陆。

（3）现实中的新大陆也开始了数字革命

在发展的过程中，在中国和印度这两个现实中的国家里出现了完全不同的现象。

不论是中国还是印度的零售业都还不够发达。往偏远的地方深入，大型购物商场几乎是找不到的。但是人们可以通过网络了解到现在城市里畅销的商品有哪些。因此，在没有大型购物商场的地方，人们也知道买什么东西比较好，这说明中国和印度对电子商务的需求是相当大的。人们如果可以在网上下单，并且通过一定的渠道收到商品，那么就没有必要去离家很远的商场采购。在发展中国家，很多人没有汽车，所以他们出门购物很不方便，网上商城的存在给人们的生活带去了很多便利。

中国消费者在非零售连锁的实体商店也能用智能手机支付和转账，完成交易。因此，从另一个角度来看，在城市基础设施还未完善的新兴国家更容易发展看不见的新大陆。

因此，中国诞生了像阿里巴巴和腾讯这样市值总额超过 20 万亿日元的大企业。在支付方面，阿里支付和微信支付功能省去了像日本银行转账、汇款等手续那样麻烦的操作。

现在，不论是网络还是智能手机的支付都已经在全球陆陆续续发展起来了。

一言概之，技术 4.0 是发生在数字大陆上的信息革命、物流革命、生活革命以及企业竞争革命。

4. 倍数的经济理论

（1）体现企业未来收益的“倍数”

“倍数”是技术 4.0 的推动力。所谓倍数是指现在的股票能体现企业今年收益的几倍，它是在市场上呈现企业价值的指标。它等于企业市值除以企业收益，也就是说，每股市场价格除以每股赢利，这叫作股票市盈率（PER），通常以倍数显示。

当企业的营业额或收益增长时，市场对企业未来的价值的评估会比现在高，那么企业的股价就会上涨，倍数值也会随之提高。换言之，未来有前景的企业，其倍数也会提高，从现在的收益来看，它有可能会达到一个难以想象的高度。

20 世纪 80 年代时美国股市的平均倍数是 25 倍，联邦德国股市是 8 倍。泡沫经济达到最高峰的时候，日本股市的倍数甚至达到了 75 倍。

经营不善的企业会出现 3 倍或 4 倍的低倍数值，那么市场就会认为这家企业只有 3 年或 4 年的收益价值。相比之下，有前景的企业的倍数可以达到 25 倍，有的甚至会接近 100 倍。

假设某个企业的倍数是 100 倍，那么其股票价格就是现在收益的 100 倍。理论上讲，必须等到 100 年之后，该企业的收益才会和股票价格相等。但实际上股东不会等那么久，他们在早期时候就会促进企业飞速发展，使得企业的收益与股票价格匹配。

（2）荒野恶汉进攻数字新大陆

倍数之所以重要，是因为小型企业可以利用高倍数收购比自身规模大的企业。除了依靠自身的发展以外，企业也可以通过并购获取更快的成长。

另外，在倍数高的情况下，企业可以以比平常更有利的条件在银行获取贷款，利用这些资金进行进攻性投资，从而得到发展。企业如果想要利用倍数迅速发展并征服新大陆，也可以利用倍数引进自己目前不具备的技术。

想要在“看不见的新大陆”上站稳脚跟的企业，由于期待在未来的数字大陆上所产生的财富，可以宣布其倍数可能会无限提高，没有一个终点。亚马逊收购卖鞋网站 Zappos 就是其中很好的一个事例，亚马逊利用自身的倍数以 900 亿日元收购了 Zappos。

互联网服务接连推出的时候，美国在线收购了包括时代华纳在内的很多企业，其中的道理也是一样的。

倍数可以说像美国西部大拓荒时代手持枪支的荒野恶汉一般，在数字新大陆上发挥着巨大的力量。充分利用倍数的企业发展迅速，并且很可能在短时间内成长为影响力很大的优秀企业。那么相反的是，如果没有充分利用倍数，这个企业就如同手持装满子弹的枪支却无法进攻的荒野恶汉，其股票价格会下降，进而被这个市场所淘汰。

以上所阐述的这 4 点，就是我所认为的形成技术 4.0 的要素，也是 21 世纪的经济原理。

（3）技术 4.0 不仅仅是技术革新

理解技术 4.0 的重点在于不能将其简单地等同于电子技术或者计算机技术，它们是完全不同的概念。

在技术 4.0 的世界里，上述 4 个要素必须同时存在。

互联网的发展使得网络空间扩展，而倍数使得数字新大陆加速形成，并且出现了无国界经济。但面包店制作面包，然后通过配送车运送面包，这样的实体经济的空间仍然存在。其他空间的经济得到成长，同时也会促进实体经济的成长。

企业在传统的实体经济、无国界经济和网络经济中充分运用倍数，将开辟出看不见的新大陆（即数字新大陆）。

看不见的新大陆将凌驾于传统型的企业，而这正是技术 4.0 时代成功的商业模式。

了解一项技术，从而具备“俯瞰整体的视角”

月花 980 日元，安保工作到位

现在，商务人士除了要了解技术，还要具备俯瞰每一项技术连接的视角。

位置信息和物联网的结合为人们提供了新服务，使人们在享受以物联网为基础的服务的同时，还能使用金融科技产生的结算方法，这些都是通过与技术结合而产生的新型商业模式。通过俯瞰技术之间的连接，新商机是不难找到的。

接下来，我们一起来看一下技术连接的事例，即金融科技或物联网是如何被运用到现实生活当中的。

首先我们看一个位置信息与大数据结合的例子。

日本 Safie 公司提供安保服务，这一服务是由能覆盖 170 度视角的摄像机和智能手机结合而成的。人们可以通过手机或者电脑看到摄像机捕捉到的画面。

人们只要每个月花费 980 日元，就可以把这种摄像机安装在自家门口。摄像机传感器可以检测到有人来了，并且通过手机通知主人。摄像机录制下来的视频数据可以保存在云端上一周，如果发生什么问题的话，主人就可以把数据提供给警察进行分析。

如果将这一技术与警方的大数据结合，进行图像分析，警方就可以查出录像中的人是否有前科。像这样将多种技术相结合，就可以产生新的服务。

威胁现有企业生存的大数据分析

在运用各项技术，结合这些技术产生新服务的同时，现有的服务会相继失色。

比如，Safie 公司推出了连接云端的安保服务，且该服务价格低，这么一来它就给综合警备保障公司或者思科姆公司（Secom）等现有的安保企业带来了一定的生存危机。在这个到处都是监控摄像头，所有录像都可以通过大数据进行分析的时代，越来越多的消费者会认为，思科姆公司提供的单一判断的服务有些迟缓。

假如半夜警铃突然响起，警备公司的人匆忙赶来，但其实只是乌鸦飞过传感器，导致警铃响起。在这种情况下，警备公司的工作就是白费了，而这也表明了人类行动往往都有延迟。因此，重要的是能够根据一定的标准去判断危险情况，并同时发出警铃通知，这就是所谓的界限判断。

思科姆运用大数据分析做出了及时的策略调整，开始使用无人机进行侦察。因为传感器可以获取用户的位置信息，所以运用无人机进行远程拍摄是很可能实现的。

运用无人机进行机翼检查工作

技术的发展与技术的结合所带来的自动化，承担了人类做不到的或者是一些危险的工作，并且增强了安全性，提高了舒适度。

德国汉莎航空与占世界民用无人机市场 70% 的中国大疆

合作，使用无人机完成飞机的维修工作。在维修过程中，人类可以直接看到飞机下面的引擎部分，但是有很多地方是很难确认并检查到的。

比如在日本航空 123 号班机空难事故（御巢鹰山空难）中，飞机的尾翼（圆锥形飞机尾部）破裂导致机体失控坠落。这是一种蠕变现象，发生这种现象时，你近看的话一定会发现机体出现龟裂。所谓蠕变现象，是指不断承重的物体变形，最后到了疲惫极限而破裂。如果你仔细检查就会发现问题，但是当时出现问题的地方在飞机尾翼的上部，除非从一定高度往下观察，否则你是发现不了的。

德国汉莎航空公司利用无人机完成飞机的维修检查，无人机会认真检查人们很难看到的地方是否存在异常，比如机体上方、尾翼以及连接部分。硬铝是制造飞机的一种材料，硬铝的结构是面心立方，而这种结构一旦出现龟裂就会有破裂的危险。以前一直都是工作人员在费时费力地进行飞机检查和维修工作，但无人机技术的运用将会突破这一限制，大大提高工作的效率。

未来，无人机可以代替人类去完成一些工作。比如，无人机可以去人类到不了的地方作业，或是去需要大量劳动力且开销大的地方作业，还可以去节假日无人的工厂进行巡视。

金融科技大大降低支付成本

在支付和金融贸易领域，金融科技（即基于信息科技的金融服务）提高了人们的工作效率。特别是备受关注的区块链技术。所谓区块链技术是指诞生虚拟货币（如比特币）的技术，它不是传统的中央集权模式，而是一种分散型模式。这种分散型模式不通过中央集权来管理金融贸易数据，而是由每台计算机匿名管理。

现如今，日本的支付大多依附于陈旧的全银系统（全国银行数据通信系统），仍然处于一种相当封闭的状态。支付不仅处理成本高，且基本上每一次都会产生服务费。

如果运用区块链技术，就可以让多台计算机共同担保数据，处理成本降低了，只需一定的网络通信费，一次大概 0.3 日元。

虽有很多人使用信用卡购物消费，但其实商家需要支付给信用卡公司刷卡金额的约 4% 作为手续费。如果区块链技术得到普及，那么商家只需付 0.3 日元的手续费，而且区块链技术如果能够实现瞬间锁定顾客，银行和信用卡公司就没有存在的意义了。

如果区块链技术的支付方式得到普及，这一技术同样也会被广泛运用到各种行业中去，这将会打破现有系统。

人工智能进军人类未知的领域

如果我们灵活应用这些技术，商机将无限拓展。

我们一直以来都会利用数据库来提高服务品质，这并没有什么新奇的。举个例子，我们可以制作顾客名单，从而为顾客提供适合的商品和服务，或者给顾客发送免费直邮广告。

但是现在，我们也可以通过加强对数据库的管理来提高服务水平。比如在医疗方面，每个癌症患者的情况都有所不同，医护人员可以针对不同的症状开发不同的药物，从而进行针对性的治疗。

发展数据库的管理系统，进而到达人类未知的领域，超越人类的知识，这就是所谓的人工智能。计算机通过机械学习实现更准确、更有效率的判断，我们可以将这一技术称为“深度学习”。通过这一技术，计算机甚至可以自行学习人类目前未知的领域，从而超越人类的智慧。

优步是技术 4.0 的奇迹产物

美国科技公司优步（Uber）成立于 2009 年，为人们提供基于智能手机应用软件的出租车打车服务。该公司发展极为迅速，在短短不到 5 年的时间里，从一个连中型企业都不算的小企业发展成一个市值 7 万亿日元的大型企业。因此，优步被称为“技术 4.0 的奇迹产物”也是名副其实的。

我经常去澳大利亚，我发现现在的黄金海岸一带基本上没有了忙于拉客的出租车。于是我向熟识的一位男性出租车司机询问缘由，他告诉我现在街上已经没有人招手打车了，使用优步打车的人越来越多了，所以就算出租车上街行驶，也没有人会招手拦车。优步不仅操作便捷、效率高，而且也能给司机带来更高的收入。

另外，一般的出租车都是现金收费，遭遇抢劫的危险性很高。但是优步是通过智能手机进行网络支付的，因此司机手上没有现金，相对来说比之前安全一些。

黄金海岸那一带的出租车几乎消失也就是 2017 年一年来的事情，这样的变化速度相当快。因此一旦技术介入，这个世界就会发生迅速的变化。

优步之所以能够这样迅速发展，原因在于其背后有很多项技术的支持，其中包括能够定位乘客的位置信息技术，分析提高配车效率的大数据，以及支付方面的金融科技。

因此，未来的商业不能仅仅局限于一项技术。商务人士要了解如何连接技术，并且运用技术的连接产生服务，从而创造商机。

“智能手机的生态系统”——智能手机的新大陆

智能手机是一切的入口

在了解技术 4.0 的基础上，还有一个重点是我们必须知道的。

在如今这个世界，所有的技术都包含于智能手机中，这就是我们要了解的重点。这种状态被称为“智能手机的生态系统”。

在前面的篇章中我已经阐述了数字岛屿形成数字大陆，而智能手机正是数字大陆的关键。

在这个数字大陆中，包含了传统的录音机、电视、电话等所有的数字家电。而智能手机将这些功能与服务囊括其中。

智能手机可以导航、听收音机、听音乐、看电视、摄影、安排管理行程等。同时，人们还可以通过智能手机购物并支付，当然它也支持实体店的支付服务，以及乘坐电车或公交车等。智能手机还支持取现、转款、余额查询等服务。所有的一切都是通过手机实现的。

现在智能手机的操作系统只有两种，一种是苹果开发的 iOS，一种是谷歌开发的安卓系统。应用软件一般来说都是通用的。因此，在一个城市开展的事业，同时也能在全球发展。也就是说，智能手机形成了全球性的新经济圈——数字新大陆。

不再以国家为单位，这是一个 iOS 和安卓的世界

智能手机形成的数字大陆使得国界逐渐模糊并消失。因为那些提供智能手机生态系统服务的企业，它们的商业版图与国家没有太大关系。

上面提到的智能手机的操作系统只有 iOS 和安卓，这两者基本上可以在任何领域互通。比如，iOS 系统的手机可以发送电子邮件到安卓系统的手机上，当然通话也没有任何问题。因此，我们基本上可以将 iOS 和安卓当作一个统一的操作系统。如果全球大约 20 亿人随身携带这个统一的操作系统，那么国界的概念将不再重要。

现在很多人都随身携带智能手机，毫无疑问，我们可以说网络“无所不在”。所谓“无所不在”指的是，所有的物品中都装有计算机，人们随时可以得到计算机的协助。这是一种随时都能够与互联网保持信息互通的环境。一言以蔽之，人们随时随地都可以与网络连接。

技术 4.0 企业将服务辐射到全球

比如上面提到的优步，它其实最开始是旧金山的一家公司，但很快在纽约也开展了相关的业务。此后，它迅速扩张到南美洲、欧洲，5 年后辐射到全球。现在的优步已经在全球超过 500 个城市提供服务，并且仍然在扩张中。

优步之所以发展如此迅速，是因为其背后位置信息、大数据及金融科技等技术的支持。因此，这是以智能手机为媒介而发展起来的事业，与国家这个概念没有关系。

在日本开分公司发展日本的业务，在德国开分公司发展德国的业务，从而一一拓展海外业务，这是企业一直以来的传统经营模式，但现在企业已经不需要以这样的模式拓展海外业务了。像优步这种技术 4.0 的奇迹产物，已经一口气将自己的服务辐射到了整个世界。

智能手机生态系统的意义就在于，用户只要拥有以 iOS 和安卓为操作系统的智能手机，企业就可以随时随地拓展服务业务。

不论地点——无国界的 21 世纪企业形态

优步诞生于美国旧金山，但其总部在荷兰。不管在世界哪里，只要这个人用了优步，他的交易信息就会瞬间传到荷兰总部。公司将营业额的 85% 支付给司机，也是在荷兰通过网络操作的。

荷兰总部甚至把从营业额中扣除开销之后的利润转到登记在公司名下的位于免税地区百慕大的其他公司，所以最后到达母公司的“技术费”只占整体的 1.45%。

因此，虽然优步有很高的营业额，但美国政府也基本上收不到税。优步实际上的公司是在网络空间中运行的，全球的业务都是在同一个系统上进行支付操作，所以国家单位对于优步来说基本上已经没有意义了。

这就是 21 世纪企业的形态，也就是技术 4.0 时代的企业形态。

长远来看，这样对企业而言也就没有了国家风险这一说法，即企业在国际经济活动中，不再因国家的主权行为而承受相应的损失。19 世纪人们以国家为单位入侵他国，20 世纪则出现了很多跨国企业，即多国籍企业，“企业的多国籍化”在当时是一个很流行的说法。但是 21 世纪的今天，企业不再需要所谓的多国籍，因为只要有网络空间的支持，企业在哪里都可以开展业务。

截至 2017 年，优步的员工已经超过 3 000 人，公司采用云包（cloudsourcing）的方式管理人员，所以员工在哪里已经无所谓了。只要能够出色地完成工作，员工在哪个地方都没有关系。

了解智能手机的网络

未来，我们不能只了解某一项技术，而是要掌握整体技术的状况。那么最基本的就是要充分了解智能手机网络。

在过去要实现处在 A 位置的机器与处在 B 位置的机器的对话，也就是所谓的 M2M（Machine to Machine，机器与机器的对话），必须建立相应的通信网。但是现在通过手机的网络就可以向世界各地传送信息。

现在移动通信中所用的通信规格——4G（第四代通信网络）并不是应用在特殊用途上，而是广泛应用在日常生活中。这样的通信网络相当发达，覆盖了人们的整个社会生活，是划时代的产物。

这样的通信网络使得在这个世界中的人，或是所有的机器以及工厂等，随时随地都能够与计算机连接，实现一个网络无所不在的世界。

技术 4.0 带来新差距

技术在发展中国家容易普及

在发展中国家，很多人出国打工，然后将一部分收入寄回老家用来补贴家用。给银行网点不发达的地方汇款比较困难，但是在非洲，人们已经开始使用智能手机进行汇款了。

这个汇款的机制是：人们先通过手机购买预付卡，然后再授权给家人使用，这样家人就可以通过预付卡换钱或者购物。

在日本还没有这样的汇款系统，它在相对落后的非洲却早已发展起来了。

从另一个角度来看，技术 4.0 的世界在体制或制度还没有建设完善的地方反而可以自由竞争，自由提供服务或商品。这不仅不会妨碍建设，而且让没有建设完善的国家也能相对容易地迈进数字大陆。

人们一旦习惯于旧事物，就很难去接受新鲜事物，相对而言，一出生就开始接触智能手机这种移动设备的人或者从来没有见过固定电话的人，更容易接受并熟悉新鲜事物。

比如，我在印度演讲的时候常常会碰上停电。因为印度的电压较低，停电可谓家常便饭。一通电话不打上个 15 次你是基本无法跟对方通话的。我在演讲中常会带有讽刺口吻地提到这些例子，有一次印度电话公司的总裁也在场，他还颇为自豪地回应我说：“以前要打 15 次，现在只要 4 次就可以通话了。”

智能手机的出现让人们不再有这种困扰，如果电话不能马上接通，人们可以发送电子邮件，或者发送留言信息。以前我觉得印度的电话公司是全球发展速度最慢的，但是现在，我觉得在解决这个问题之前，电话可能就已经被这个世界抛弃了。

老旧的国家观念会阻碍技术的发展

我正在运营一个叫作商务突破大学（BBT）的网上学校，在网上提供课程讲义，我的学生虽遍布全球，但只要有网络就可以不用来一个固定的教室上课。这不是一个传统的大学模式，而是老师在工作室编写了相关课程内容之后，通过网络发送给学生，学生再进行讨论学习的一种模式。教授和助教参与学生的讨论并给予相应的指导和教学。一周中也有几节课的概念，学生可以根据自己的时间自由选择上课时间，全球各地都可以实现网络教学。

我的一个学生就是一边在斯洛文尼亚首都卢布尔雅那的寿司店工作，一边花了 5 年时间学完了 4 年制的大学课程并顺利毕业。因为授课地点不受限制，我的另一个女学生一边学习一边去了 30 多个国家旅游，并顺利毕业。

商务突破大学没有 300 年的历史和爬满藤蔓的教学楼，但远在赞比亚共和国的学生也能参与课程。我想很多日本人对这样的授课方式还没有太多的体会。

特别是日本还有文部科学省这种“20 世纪遗物”一般的存在，教育方法很难发生大的变化。但是技术 4.0 的魅力依然不减，让我们可以随时随地发送信息、接收信息、提高附加值、学习并发展事业等。

学生不用特意去学校就可以参与课程，地点不受限制，时间也是自由的。作为老师的我，无论在哪里都可以授课而不用停课。

据统计，日本学生每天消耗在上学和放学路上的时间平均是一个半小时。这么一来，真正学习的时间就减少了。

三个贫穷的年轻人成为身家 5 万亿日元的创业家

这是比较早之前的故事了。在旧金山有三个年轻人住在同一个屋檐下。这三个人没什么钱，负担不起房子的租金。所以他们想到了通过偶尔出租自己租住的房子来挣一些租金。旧金山常常会有一些国际会议，他们就在有会议的时候出租房子，然后拿收入去交房租。房子里没有正规的床铺，他们就用充气床垫代替，因此他们把公司命名为爱彼迎（Airbnb，airbed and breakfast 的缩写，意思是充气床垫与早餐）。这就是市值 5 万亿日元的创业公司起家的故事。

从第一天接待了三个客人开始，他们的业务很快就扩展到了纽约，再到德国汉堡。

不论在哪里，房主和房客都可以通过智能手机进行匹配。在住宿设施不够完善的观光地或者是住宿费比较高的大城市，房主就可以提供房屋出租服务（民宿）。创业开始 5 年后，他们的业务已经扩展到全球 500 多个城市。

中国的民宿中介网站“自在客”也拥有不输于爱彼迎的房客数量。全球类似的系统很快兴起。这样的系统发展简单且迅速，国家想要去阻碍都没有办法。

日本的旅馆业管理法对旅馆有很多规定，比如，旅馆必须配备自动洒水灭火装置以及接待客人的礼宾部等。但如果是个人的房屋，政府对于朋友留宿这种情况就没有相应的规范方法。正因为如此，爱彼迎这样的公司才会迅速发展起来。

只有接受技术的人才能享受技术带来的好处

我执教的澳大利亚邦德大学紧临有名的黄金海岸，每年毕业前天都会有学生举办烧烤派对。之前学生们去参加派对，都会打出租车，住酒店，但最近大家都开始使用优步和爱彼迎了。原先参加一次烧烤派对，每人要花 200 美元，现在平均花费大概 50 美元，比之前便宜了非常多。

现在，采取不同于过去做法的人，也就是说已经迈进数字大陆并且得到一个满意结果的人，和那些坚持上街招手打车，一定要住知名酒店的人相比，其花费仅为后者的四分之一。

我觉得优步能够在黄金海岸迅速发展，得益于澳大利亚政府对这个领域的规定很少。

日本的出租车驾照很难拿到，澳大利亚则不同，你只要支付 125 美元就可以拿到可搭载乘客的驾照，次日即可申请优步账号。

而且澳大利亚政府对住宿设施方面的规定也没有日本那么严格，房主随时都可以出租房屋，所以政府对爱彼迎也没有什么特别的规定。房客可以根据住房体验在平台上给出评价，在现在这个消费时代，房客如果给出了差评，其他用户可能就不会上门光顾了。因为这是私人出租房屋，不是酒店，没有消防设施的话，房主只要在平台上明示给租客，选不选择就是租客的自由了。

这样的技术 4.0 早已经给我们的生活带来了很大的影响。而且对我们来说，这是一个省钱的好机会，并且也是一个可以享受便利生活方式的机会。

企业与企业之间、人与人之间的生存游戏

对我们而言，金钱的交易、知识的传递、服务的提供等所有这一切都只是刚刚迈进技术 4.0 的大门。

数字大陆、智能手机生态系统等构想的出现时日不长，我们应当渐渐拓展这些构想，同时发展人工智能与金融科技。

各种各样的技术使国与国之间，或者企业与企业之间，人与人之间开始了竞争，这就是所谓的生存游戏的开始。其实早

在几年前，我就已经清晰地认知到了这样的世界。

在此我不得不再一次重复：未来我们一项一项地学习特定的技术或者服务是徒劳无功的。我建议大家以半年一次的频率俯瞰整体，去寻找是否有新事例或者新企业出现。

我自己本身也是这么去做的，我在课堂上一一解说当下受人瞩目的新鲜行业，希望大家能够积极地去了解、学习那些应用了日新月异的现代技术而找到新商机的事例。

第二章

“金融科技”改变信用概念

技术取代国家掌控金融世界

技术革新创造通货历史

金融科技就是金融和科技这两个词的英文缩写融合，具体是指运用智能手机、大数据等 IT（信息技术）产生的金融服务和金融商品（如图 2–1 所示）。金融科技如此引人注目，因为

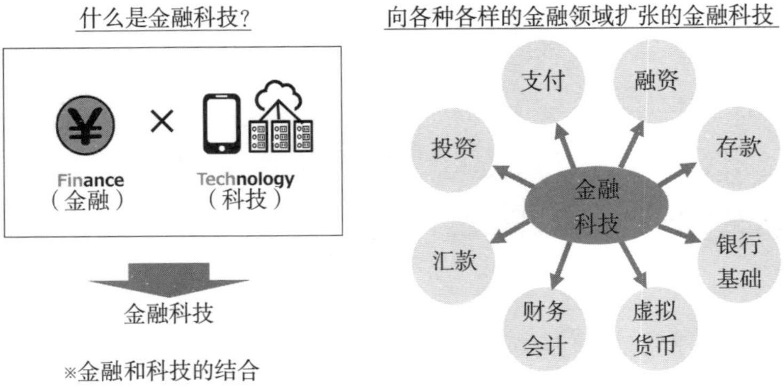

图 2–1　金融科技就是金融和科技这两个词的英文缩写融合。运用智能手机、大数据等信息技术产生的金融服务和金融商品正向各种各样的金融领域扩张

它开发了与数据区块链、比特币这些既存的经济模式大不相同的技术。

货币的出现已经有很长一段时间了，所有的货币都依存于当下时代所具备的技术。比如，人们大量生产同一大小、同一重量规格的金币、银币、铜币，这需要铸造以及货币制造等革新技术的支持，而这些技术一般只有中央政府才拥有。

这些革新技术保证了货币的价值，同时货币是购物或享受服务的支付媒介，也是获取劳动回报的媒介。

后来，随着民族国家的成立，货币确立了信用保证的地位。代表权威的中央银行通过运作印钞机提供货币。

然而现在，在有些失去权威的政府的要求下，中央银行仍不断印刷货币，因此出现了货币市场毫无秩序的现象。除了实施紧缩财政的德国之外，很多国家都印刷了过量的货币。现在全世界已经多出了价值好几千万亿日元的货币，据说藏在免税地区巴拿马或百慕大的货币也超过了 1 000 万亿日元。另外，在货币经济中起举足轻重作用的金融机构毫无节制，导致了诸如次贷问题等各种危机。

由国家制造的货币将消失

虽然货币的发行数量在持续增长，但我认为由国家制造的货币这一概念最终将会消失，这就是金融科技的本质。

虚拟货币是金融科技的象征之一。

新技术区块链是比特币等虚拟货币的核心支持。

不论你在银行存多少钱，汇款到哪里，银行都需要花费一大笔钱在中央系统上管理这些信息。但是应用区块链技术，相关的所有计算机就可以管理所有的事务（交易记录）。其机制在于，通过分散在各处的计算机共同管理交易信息，可以防止复制或伪造货币，可以保证事务处理的合法性，并且不存在中央银行中央集权的“特定权威”。

区块链这一项技术与金融的结合，催生了代替现有货币的新型货币。

对普通群众来说，虚拟货币的存在或许没有什么真实感，但是日本国会已经为推动金融科技的普及而修订了银行法，同时也为规范比特币等虚拟货币而修订了资金结算法。据报道，在金融机构方面，三菱东京日联（UFJ）银行正在开发虚拟货币。为促进金融科技的发展，金融机构开发新型金融服务是很普遍的现象。

特别值得注意的是，修订后的日本资金结算法承认虚拟货币与传统货币一样具备支付功能。也就是说，以区块链为核心的金融技术创造了与国家存在无关的比特币等虚拟货币，而这些虚拟货币将来很可能会取代传统货币。

过去无法交换的服务或物品将取代金钱

我们在了解支持金融科技的过程中，会发现一些有趣的现象。其中一个就是发挥着媒介作用的智能手机，新型的服务形态是可以诞生于媒介领域的。

在这里我重复上文的内容，那就是现在这个社会基本上每个人都有智能手机，这就形成了一个智能手机的生态系统，也就是说，各种各样的服务是出现在这个系统中的。因此，在10年前不存在金融科技的环境中，金融交易也能以智能手机为媒介迅速发展起来。

另外，金融科技的技术将代替一直以来由国家支配的货币，开始扮演新的角色。技术使得过去无法交换的服务或物品与货币的交换成为可能，那么，这些服务与物品将取代国家发行的货币。我想，金融科技技术将在这几年间迅速发展，甚至可以掌控国家财政。

金融科技的世界将提供众多服务，比如支付、融资、存款、银行基础设施、比特币等虚拟货币、财务会计、汇款、投资等。换言之，在运用金融科技的支付、货币、财务会计等领域会产生不同于传统的全新服务形态。

如果商务人士能够理解这样的框架，那么他的事业或资金运用的方式会发生巨大的变化，同时他也可以利用金融科技产生的新型服务。商务人士只要有想法，其商业版图将无限扩展。

市值上千亿日元的独角兽公司

美国对金融科技的投资相当活跃，到 2014 年已经有 1.5 万亿日元流入这个市场（如图 2–2 所示）。因此诞生了很多市值 10 亿美元的金融科技独角兽公司。

美国在线支付服务商 Stripe 公司成立于 2011 年，是一家金融科技公司，其服务内容是针对网上购物平台的，提供只在网址中编写几行源代码即可实现支付功能的支付系统，目前公司的估值已超过 5 600 亿日元。该公司创立于美国，此后业务扩展到欧洲，并且已经进军日本市场。

美国网络借贷平台 SoFi 是一家利用数据分析大学排名及成绩，为条件相当的大学生提供贷款的公司。虽说这是一种社会贷款服务，但是该服务利用大数据与人工智能的结合来判断贷款人的还款能力，从而以优惠条件为贷款人提供贷款。

杰克 · 多西从推特辞职之后创立了移动支付公司 Square。该公司将原先由云计算处理的、通过庞大的销售点终端（POS System）实现的支付功能，转移至智能手机或平板电脑，使操作更加简单并且价格低廉。现在这一支付服务已在全球范围内扩展。

金融科技领域的投资额

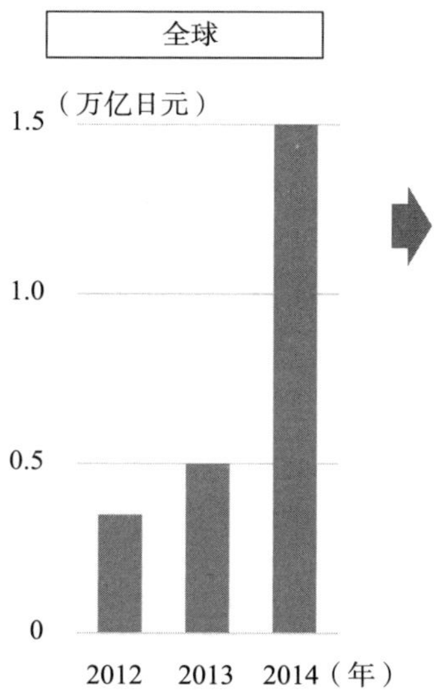

估值达到 1 000 万亿日元以上的初创金融科技企业

成立年份	企业名称	服务内容	估值（亿日元）
2011 年	Stripe	为网上购物平台提供支付系统	5 696
2011 年	SoFi	利用数据分析大学排名或成绩，为条件好的大学生提供贷款服务	4 101
2009 年	Square	在全球范围提供低廉的智能手机支付服务，使得中小企业也能起步	3 759
2006 年	Lending Club	发展结合借贷的“P2P 融资”，在纽约证券交易所挂牌交易	3 622
2012 年	Avant	通过自身特有的信用分析技术，为中低收入者提供网贷服务	2 278
2006 年	Prosper	网络个人借贷“P2P 融资”的鼻祖	2 130
2009 年	Kabbage	分析大数据，为难以获得银行贷款的小型企业提供信用融资	1 139

注：估值是根据 2015 年 2 月 27 日市场价格和汇率（1 美元＝ 113.9 日元）计算出来的，未上市的企业则是参考最近一次筹措资金时的市值

图 2–2　大量资金流入金融科技市场，美国诞生独角兽公司

Square 公司提供的服务让人们只要将一个专用的小型机器插在智能手机或平板电脑的耳机接口，即可在专用应用软件上完成信用卡的结算。Square 公司已经上市，市值超过 3 700 亿日元。

后来杰克·多西又回到了推特，担任首席执行官。他与埃隆·马斯克并列，成为著名创业家。埃隆·马斯克创立了开发火箭的 SpaceX（美国太空探索技术公司）以及 PayPal（贝宝）的前身 X.com。

美国的 Lending Club 是一家结合 P2P（点对点）贷款的公司，即通过网络进行资金借贷的平台。公司以低于私人放贷者的利息向贷款人提供贷款，同时也以高于银行的利息吸引投资者的资金，这就是 Lending Club 运作的线上金融服务。

美国网贷平台 Avant 公司利用自身独有的信用分析技术为中低收入者提供线上贷款服务。这样，贷款人就不需要去银行提供担保物再获取贷款。

美国 Prosper 也是一家在网上为个人提供贷款服务的公司。美国金融科技公司 Kabbage 则通过大数据分析，专门为那些难以从银行贷款的中小企业提供信用贷款。以上这些公司的估值都已经超过 1 000 亿日元。

人们不再需要基金管理人和银行?

家庭收支管理自动化

金融科技虽说是比较新鲜的词汇，但事实上已经有很多这类公司成立并且飞速发展（如表 2–1 所示）。现有的金融机构或网络公司、服务公司投资或收购了金融科技的创业公司，可见金融科技是一项相当引人注目的技术。

表 2–1　金融科技企业在金融领域兴起

海外的主要金融科技企业		
运用范围	**企业名称**	**特征**
家庭收支管理的自动化服务	Level Money	被美国金融大公司 Capital One 收购
	Mint	被美国会计软件大公司 Intuit 收购
	Digit	存储自动计算后的多余资金
运用人工智能的资产管理	Personal Capital	主要面向富裕阶层，由西班牙大银行 BBVA 投资
	Betterment	主要面向年轻人以及专业人士，由美国花旗集团投资
	SigFig	主要面向中产阶级以下人士
降低证券交易的费用	Robinhood	主要面向年轻人，免手续费，由谷歌基金投资
运用智能手机的支付、小额汇款	PayPal	除支付功能以外，也提供小额贷款以及促销服务

（续表）

海外的主要金融科技企业		
运用范围	企业名称	特征
运用智能手机的支付、小额汇款	Square	吸引年轻群体，且与美国社交软件公司 Snapchat（色拉布）合作
	TransferWise	降低海外汇款的手续费价格，由 Skype（斯盖普）创立
利用顾客数据分析的线上贷款平台，消费者金融	Lending Club	作为放款人的金融大户也积极利用其服务
	Avant	由摩根大通集团和 KKR 投资
	Prosper	由 BBVA、瑞士信贷集团、富达基金等基金公司投资
	Social Finance	面向教育，由中国商用社交软件人人网等投资
	Lending Home	面向住宅，由人人网投资

我们可以将金融科技划分成几个不同的领域。比如，其中一个领域是家庭收支管理的自动化服务。提供该项服务的公司有美国 Level Money、Mint、Digit 等。所谓家庭收支管理的自动化，是指用户一旦登录了银行账户或者信用卡账户，即可集中管理银行账户的交易信息以及信用卡的使用情况等。

美国 Digit 公司提供的服务是：定期检查用户的银行账户，并将自动计算后的多余资金存入特定的账户。人们总是很容易就花掉存在活期账户的钱，但是如果将多余的资金存入特定的账户，那么确实有利于储蓄。Digit 公司不会给用户提供存款利息，这就是公司能赢利的原因，但它对那些很难存钱的人来说是一项很好的服务。

金融大企业 Capital One 收购了 Level Money，10 年前活跃于市场上的鼻祖级电子家庭收支管理公司 Intuit 收购了 Mint。这说明大型金融企业正在积极收购新兴的金融科技企业。

人工智能优于人类的“X–day”即将到来

运用人工智能、面向富裕阶层的资产管理也是一项发展得很大的事业。这一领域之所以能够发展起来，是因为想要经营资产的人不信任金融机构的理财顾问。当然不是所有金融机构都会利用客户的资产去做自己的生意，但是大部分都会，这么说是毫不夸张的。因此越来越多的人选择用机器人顾问来管理自己的资产，而不再去咨询金融机构的理财顾问。

在棋类“人机大战”中，机器人战胜人类的日子比想象中来得更早。在金融方面也一样，基于数据库的人工智能的投资建议将优于人类的判断，这样的“X–day”也不会远了。

美国 Personal Capital、Betterment、SigFig 等金融科技企业已经活跃在资产经营领域。西班牙大银行 BBVA 以及美国花旗集团等大型金融机构也都投资了这些企业。

另外，在证券交易这一领域，美国新型金融科技企业 Robinhood 获得了谷歌基金的投资，该企业发起的免除证券交易手续费等价格减免措施，得到了年轻人的大力支持。

智能手机的支付与汇款降低成本

智能手机的快捷支付以及小额汇款等功能都得益于金融科技这一技术。汇款支付的鼻祖美国 PayPal 是一家利用电子邮件与互联网的结合提供支付服务的企业。PayPal 的操作流程是：用户创建 PayPal 账户，输入信用卡信息，往账户充钱。这么一来，用户就可以使用信用卡实现支付功能。在网上商城，如果交易对方也使用 PayPal，那么用户不需要信用卡，直接通过 PayPal 账户就可以结算。

前面提到的美国移动支付公司 Square 以及英国跨境转账企业 TransferWise 等金融科技公司，也同样以智能手机为媒介提供支付和小额汇款服务。

通过数据来分析顾客信息，提供贷款、放款（消费者金融）等服务的金融科技公司也是存在的。在住宅贷款、教育贷款等不同领域有不同的服务，但是所有的服务都只基于一个要点，那就是公司根据累积的数据库给用户提供客观的建议，然后再进行交易，而不再依赖于人类的直觉判断。

系统老旧的银行将被淘汰

日本在金融科技领域也诞生了很多新兴企业（如图 2–3 所示）。

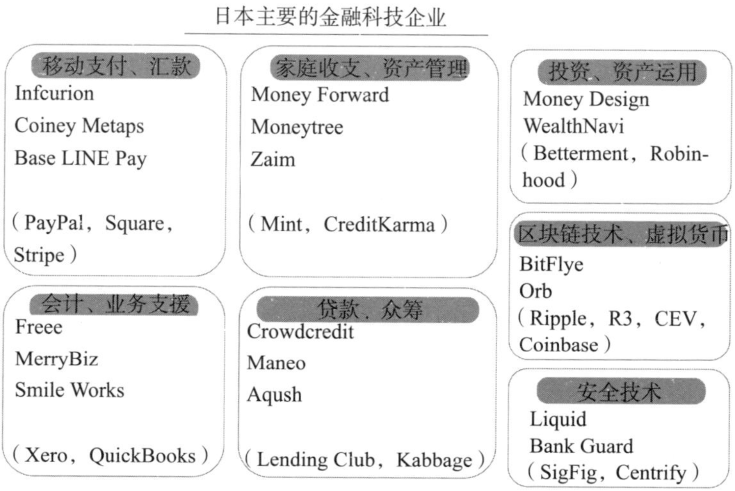

* 括号里面的是各领域的外国企业

图 2-3　日本在金融科技领域也诞生了很多新兴企业

尤其是在服务领域，日本出现了相当多的金融科技企业，服务范围也很广，比如移动支付、汇款，家庭收支、资产管理，投资、资产运用，区块链技术、虚拟货币，安全技术，贷款、众筹，会计、业务支援等。

金融科技的本质在于，通过技术的应用，在汇款、投资、支付、贷款、存款、财务、会计等传统的金融领域进行机制再构建。换言之，就是非金融机构性质的企业夺走了传统金融机构的业务，这对现有的金融机构来说是一个很可怕的现象。

本来，与金融科技距离最短的应该是银行等传统金融机构，但是这些传统机构被老旧的系统所限制，大半业务仍然延续着在纸张上盖章的做法。理论上，它们完全可以根据顾客的数据库准确掌握顾客的信用度，但是这些传统的金融机构仍然重视担保物的价值，坚持收取手续费。如果银行还是故步自封，没有进行一定的技术革新，我想未来银行将会被金融科技企业所淘汰。

2020 年，由机器人管理的资产将达到 1.6 万亿美元

我刚才提到，在投资、资产运用领域，金融科技的运用相当瞩目。人们利用机器人顾问等技术进行资产经营，数字资产管理等业务正在不断扩张。

从 2017 年美国人拥有的资产来看，48 岁到 67 岁的人，也就是“婴儿潮世代”的人，其资产为 16.9 万亿美元，36 岁到 50 岁的“X 世代”的资产有 3.7 万亿美元，2000 年以后出生的 18 ~ 35 岁“千禧世代”的资产为 1.1 万亿美元（如图 2–4 所示）。

对于富裕阶层和以富裕阶层为发展目标的多数人，传统的资产经营服务无法提供私人订制的建议，因此利用自动化机器人的数字资产管理取而代之，这一领域目前正在飞速发展中。

2016 年，美国运用机器人理财的资产额达到 770 亿美元，2017 年以后机器人所管理的资产额持续上涨，2020 年将达到 1.6 万亿美元的规模。

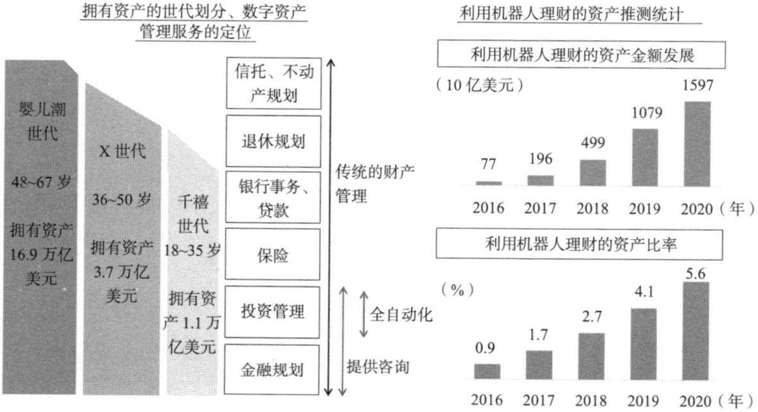

图 2–4　在投资、资产运用领域，利用机器人顾问等技术进行数字资产管理的业务开始扩张

从经营资产额的整体来看，2016 年的机器人理财资产金额不到总金额的 1%，2020 年预计也只有 5.6%，但是未来这一领域的市场占有额将会不断扩大。如果理财绩效好的话，机器人理财这一服务将会飞速发展起来。

我们将不再需要理财经理

美国基金管理公司 Vanguard 是传统的资产管理公司，但是其机器人理财部门所管理的资产已经有 310 亿美元之多了（如表 2–2 所示）。

这里我们应当关注的是手续费。

表 2–2　提供数字资产管理服务的企业

企业名称	服务内容	手续费	运用资产额
Vanguard	在机器人理财中，除了资产自动最优化之外，同时提供电话或视频的咨询服务	0.3%	310 亿美元
嘉信理财	针对资产的调整组合，提供监控、自动化的投资顾问服务	0%	53 亿美元
Etrade	利用用户的财产目录，提供自动调整风险的服务	0.3%	无相关数据
Betterment	提供各种自动化资产配置服务（退休资金计划、税率优惠账户、股票账户、Tax-Loss Harvesting*）	0.15%~0.3%	33 亿美元
Wealthfront	为客户量身定制、管理以及规划多元化财产目录，并且实现自动化平台的服务	0.25%	28 亿美元
Personal Capital	能够统一监控收支以及投资表现，并且为客户提供量身定制的投资建议	0.49%~0.89%	24 亿美元
FutureAdviser	通过机器人和人类的共同服务，为客户管理多个账户，进行投资	0.5%	7.5 亿美元
SigFig	财务咨询平台，能够统一管理、确认财产目录或投资分析，以及提供投资建议	0.25%	1 亿美元

*Tax-Loss Harvesting：用确认的损失来抵消所获得的收益，从而达到节税的目的

如果购买传统的资产管理公司的普通产品，用户需要支付1%~2% 的手续费，如果购买传统资产管理公司的基金组合产品则需支付更多的手续费，大概是 3%。在这个即使是存钱或

者购买国债都无法得到 1% 利息的时代，传统的资产管理公司还要收取如此之高的手续费，那就根本谈不上所谓的资产管理了。在基金组合产品上，热议话题负利率现象已经发生，这是非常可怕的。

而走在前列的机器人理财只需 0.3% 的手续费。旧金山的嘉信理财公司虽然拥有实体店，但并不收取任何手续费。上面提到的 Etrade、Betterment、Wealthfront、Personal Capital、FutureAdviser、SigFig 都是理财领域的知名大企业，现在它们都在发展机器人理财服务。

未来，人们的关注点在于机器人是否足够智能，也就是机器人所提供的建议品质如何。未来将是一个技术竞争决定服务价值的世界。

金融科技改变信用担保物

日本最早的商业模式专利：浮动式债务结算法

如果你在对金融科技的认识中加入“浮动式债务结算法”的基本概念，你就会比较容易理解金融科技了（如图 2–5 所示）。

1982 年，我在日本和美国取得了浮动式债务结算法的专

浮动式债务结算法的概要

该结算法的运作机制是，消费者在门店消费，在使用银行卡（绑定活期账户的借记卡）支付时，店家会用电话查询认证消费者的银行账户，并将消费金额“锁起来”。

一晚 3 万日元的酒店住宿（事例）

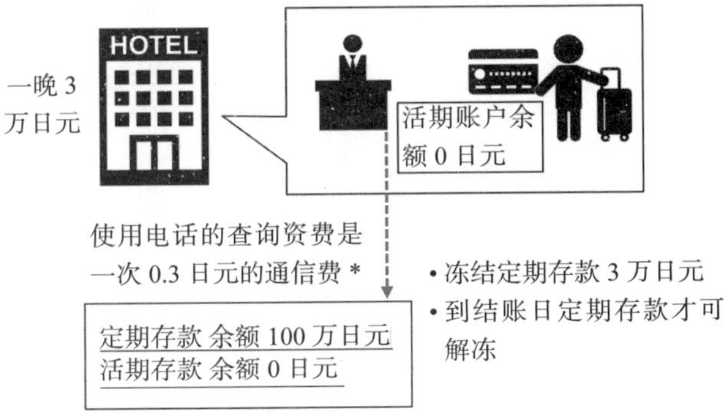

一般借记卡结算与信用卡结算的不同之处

方式	结账日	查询网络
浮动式结算	基本上是事后结算	普通的通信线路
一般借记卡结算	购物结算时直接从活期账户扣钱	CAFIS
信用卡结算	基本上是事后结算	CAFIS

* 在日本，电话线路不与银行账户连接，因此必须经过高成本的全银系统

图 2–5　**金融科技的鼻祖、日本最早的商业模式专利——浮动式债务结算法**

利，这被称作日本最早的商业模式专利。

这种结算法的运作机制是：消费者在门店消费结算时，店家会查询并认证消费者的银行账户，并将消费金额“锁起来”。

信用卡结算是事后才会从指定的银行账户扣款，借记卡结算则是当天直接从银行账户扣款。

很多消费者表示对借记卡结算存在一定的厌恶感，因为在结算的时候，如果活期账户中存款不足以支付消费金额，店家会直接告知“您的账户余额不足”，这种时候就会让消费者处于一种比较尴尬的局面。

因此，我稍微对这个结算机制做了改变，即产生了所谓的浮动式债务结算法。

浮动式债务结算法就是，当消费者消费 3 万日元时，店家会查询并认证消费者的银行账户，如果消费者活期账户中余额不足，店家就会直接从消费者的定期存款中冻结 3 万日元。在结账日，如果消费者活期账户的余额不足以还款，那么系统就直接从定期存款中扣款，这样消费者就不会再因为活期账户余额不足而感到尴尬，银行卡公司也因为有了定期存款的保障，而不必面对收不回款项的风险，可以说这是一个 100% 安全的做法。

个人信用个人持有，而非信用卡公司持有

当你去国外住酒店的时候，前台的员工自然是不认识你。

在这种没有人认识你的情况下，你的结算信用自然也是无法被担保的。

美国运通公司曾经制作了一个由美国知名高尔夫球员杰克·尼克劳斯参与出演的广告。

广告内容大概是，杰克·尼克劳斯本人在酒店前台问工作人员：“你知道我是谁吗？”同时他掏出美国运通卡，前台的女工作人员在看过卡片之后，说道：“原来是尼克劳斯先生呀，欢迎您！”这个广告有点搞笑，因为比起杰克·尼克劳斯本人，美国运通卡更管用。

客人用美国运通卡支付住宿费时，美国运通会代替客人持有信用，从而保证了支付金额。仅仅是这样，美国运通都要收取 3% 的手续费，但这也不是什么令人感到意外的事情。酒店前台的工作人员通过查询认证客人的银行账户，在确保客人的资产之后，即可顺利结账。从金融科技角度来看，只要能够确认支付能力，即确认个人资金，就可以担保几万日元住宿费的支付信用。

信用卡公司收取高额手续费这种做法是错误的。信用卡是消费者持有的，信用卡公司只要确认消费者的消费能力即可。因此，我申请了浮动式债务结算法专利。

在我看来，个人信用由信用卡公司持有是一个很可笑的现象，个人信用应当由个人持有。

区块链技术可确保安全

不论是使用普通银行卡还是信用卡，商家每次都要查询并确认使用者的信用信息。在日本，确认使用者的信用必须通过 CAFIS 这一查询网络登录全银系统（全国银行数据通信系统），每次都会产生高额的手续费。

随时随地都能连接网络的社会，被称作网络无所不在的社会，现在智能手机正在构建这样一个网络无所不在的社会。人人手上都有一部智能手机，你不论去世界哪个地方旅游都能连接上网络，并且不费吹灰之力即可马上查询并确认个人信用信息，那么 3 万日元的住宿费这种程度的消费就不需要信用卡来担保，区块链技术能够担保这一笔消费，而且整个过程不产生任何手续费。

区块链技术是记录一段时间内发生的交易和其状态、结果，并将这些区块一个一个按照顺序串联起来然后保存记录的一项技术（如图 2–6 所示）。这些交易记录不必通过现有的银行系统进行中心化管理，每台电话通过网络均可参与记录确认。因此，这就避免了不合法行为和伪造信用事件的发生，再加上取消了中心化管理，运作成本也就降低了。

区块链技术不需要铺设特殊的专用线路，仅利用普通的网络线路即可保障安全的结算法，并且它的交易成本不高。从消费者的角度来看，交易成本的降低意味着服务品质的提高。

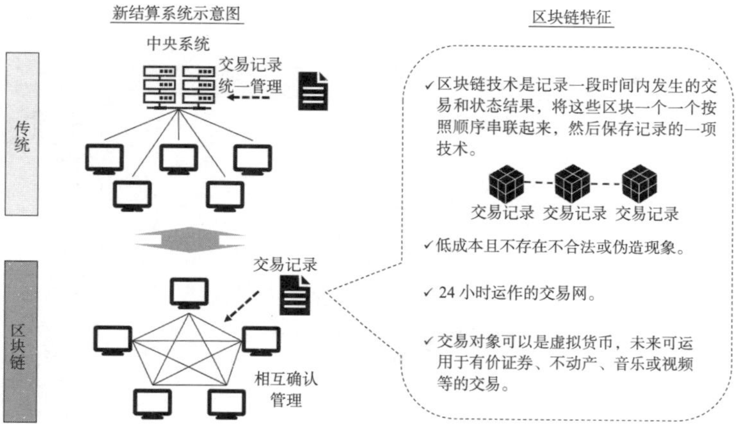

图 2–6 区块链技术可以使用普通通信线路，那么浮动式债务结算法就能降低成本

了解金融科技的四大原理

为什么金融科技是划时代的产物？

要了解金融科技这一概念，首先必须了解我在下文阐述的 4 个原理（如图 2–7 所示）。可能大家在刚开始时理解起来比较困难，但其实这些基本概念是非常简单的。

了解金融科技的“4 个原理”

1. 任何有价值的东西都可以替代货币

2. 价值是时间的函数

3. 智能手机生态系统让人们可以随时随地与任何人进行交易活动

4. 作为前 3 个原理的支持，在网络空间中，出现担保信用的金融科技企业，这些企业将取代国家或金融机构，掌控货币流向

- 国家制造的货币终将消失不见
- 重点在于理解金融科技的本质

图 2–7　要了解金融科技，必须先了解 4 个原理，但这些并不是那么难以理解的

第一个原理是：任何有价值的东西都可以替代货币。

第二个原理是：价值是时间的函数。

第三个原理是：智能手机生态系统让人们可以随时随地与任何人进行交易活动。

第四个原理是：要实现以上三个原理，必须有第四个原理做支持，即在网络空间，出现担保信用的金融科技企业，这些企业将取代国家或金融机构，掌控货币流向。

比如，有传言说比特币是日本京都大学的数学老师发明的，但是这个传言的真伪无法辨识。很多国家承认了这种出处不明的比特币的存在，并将它作为一种结算方法。日本也一样承认这种结算方法。这类不是由国家发行的虚拟货币，已经开

始体现出它们的信用价值。

接下来，我们来具体分析一下这 4 个原理。

原理 1：任何有价值的东西都可以替代货币

第一个原理是：任何有价值的东西都可以代替货币（如图 2-8 所示）。

我们来看一下上文提到的浮动式债务结算法的发展形式。

在浮动式债务结算法中，银行卡公司可以在用户活期账户中的存款无法支付的情况下自动给定期存款上锁，但是上锁的对象，即担保物除了定期存款以外，还可以是人寿保险、住宅、汽车、退休金以及养老金等。此外，劳动力（以劳动偿

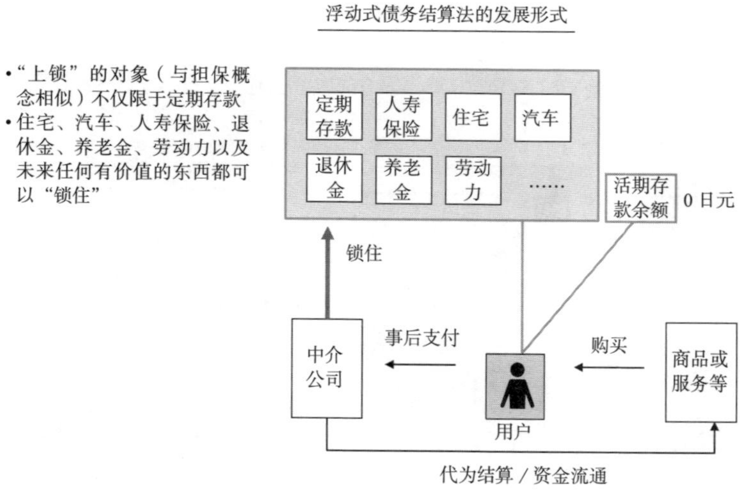

图 2-8　原理 1：任何有价值的东西都可以替代货币

还）也可以是一种担保物。

只要介绍交易的中介公司确认其担保价值，认同结算付款，那么当下就可以给用户提供贷款服务。

原理 2：价值是时间的函数

用户在结算之前需要考虑时间价值，支付金额会随着时间的推移而增加。这就是第 2 个原理：价值是时间的函数。

比如以人寿保险作为担保物，用户就必须先签订一个电子协议书，协议的内容是用户可以选择现在直接支付 3 万日元，也可以选择以后用人寿保险做担保，但如果选择后者，用户需支付 4 万日元。同时用户也要告知继承人，人寿保险的理赔金额将会减少（如图 2-9 所示）。

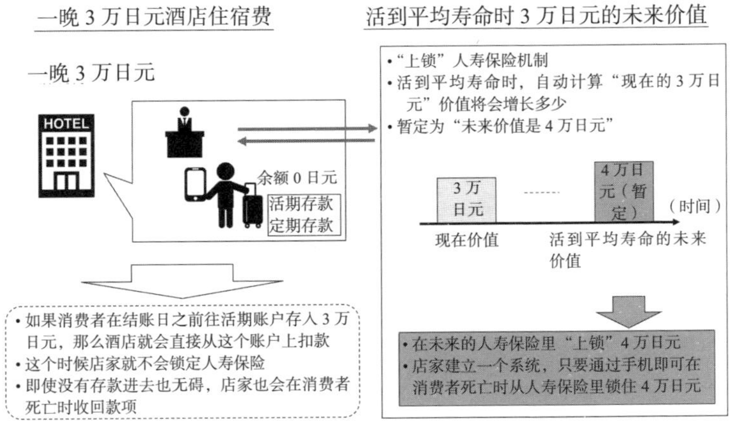

图 2–9　原理 2：价值是时间的函数

稍微离题一下，我认为人寿保险在日本是最浪费的资源之一。人们正值年富力强时，是很有必要购买人寿保险的，因为这样即使自己死亡，家人的生活也会有所保障。但是在后代都已经独立后就没有必要买人寿保险了。即便如此，在日本有很多退休人员也会购买人寿保险。这个现象只发生在日本，简直就是浪费资源。

日本的退休人员有养老金，有存款，还会买人寿保险。如果问他们为什么购买人寿保险，多数人会回答以防万一，这样即使儿女已经独立了，他们也不会被金钱所困扰。

因此，这些人应当把人寿保险拿出来使用。比如，乘坐豪华列车“九州七星号”或者乘坐“伊丽莎白女王号”观光游轮环游世界。只有将人寿保险用在享受生活上，它才能真正发挥其作用。

原理 3：不依赖于货币的智能手机经济

第三个原理是：不依赖于货币的智能手机经济（如图 2–10 所示）。

在非洲，智能手机支付发展很快。比如，在尼日利亚工作的儿子想要给住在赞比亚的母亲汇款时，他将奈拉（尼日利亚货币）通过智能手机转换成虚拟货币 Airtel Money，即可完成汇款。母亲收到这笔款项（已扣除手续费）之后可以把它作为货币使用。非洲的小城镇或小村落没有银行分行，但是有手机电话公司，汇款等系统很发达。在他们看来，通过 Airtel Money 汇款远比通过银行方便。

在日本乘坐电车或飞机，从购票到选座这一系列操作都已经能够通过智能手机完成。这就是所谓的不依赖于货币的智能手机经济，也是全球共通的现象。

日本的交通系统非接触 IC 卡的普及率相当高，地域不同 IC 卡（集成电路卡）也不同，比如 JR 东日本公司的 Suica 卡，首都圈的民营铁路、地铁、公交车通用的 PASMO 卡。电子钱包的种类也有很多，比如 Edy、iD、nanaco、WAON、QUICPay 等。很多人有网上购物积分点数，比如，山田电机或 BIC CAMERA 的积分卡、乐天超级点数等，这些点数与货币

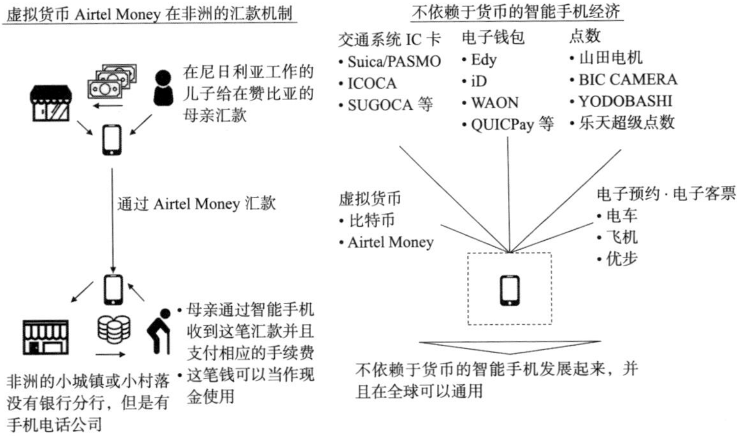

图 2-10　原理 3：不依赖于货币的智能手机经济

有相似的价值。

原理 4：金融科技代替国家或金融机构提供信用

如果所有的 IC 卡、电子钱包、积分点数，甚至人寿保险、退休金等都具有兼容性，并且能够与现有货币实现换算，那么这将会是一个很大的商机（如图 2–11 所示）。虽然需要评估换算对象的风险并且决定交换比率，同时准备应对风险的套利措施，但是如果能够充分利用技术，这个机制的实现是很有可能的。

由于交易额越大，风险越小，建立该机制的企业应该会发展成为一个庞大的金融科技企业。这就是第 4 个原理。

换言之，要实践前 3 个原理，必须创造一定的信用。也就是说，如果实现了原理 4，那么除了日本银行发行的货币，即现在日本人正在使用的日元之外，社会上还会有其他与货币等价的东西，到时候经济规模将会扩大好几倍。

因此，运用金融科技，不以国家发行的货币为前提的“信用创造时代”已经到来。

企业在进行交易活动时，对方提供的信用担保将替代现有的国家或金融机构提供的信用。

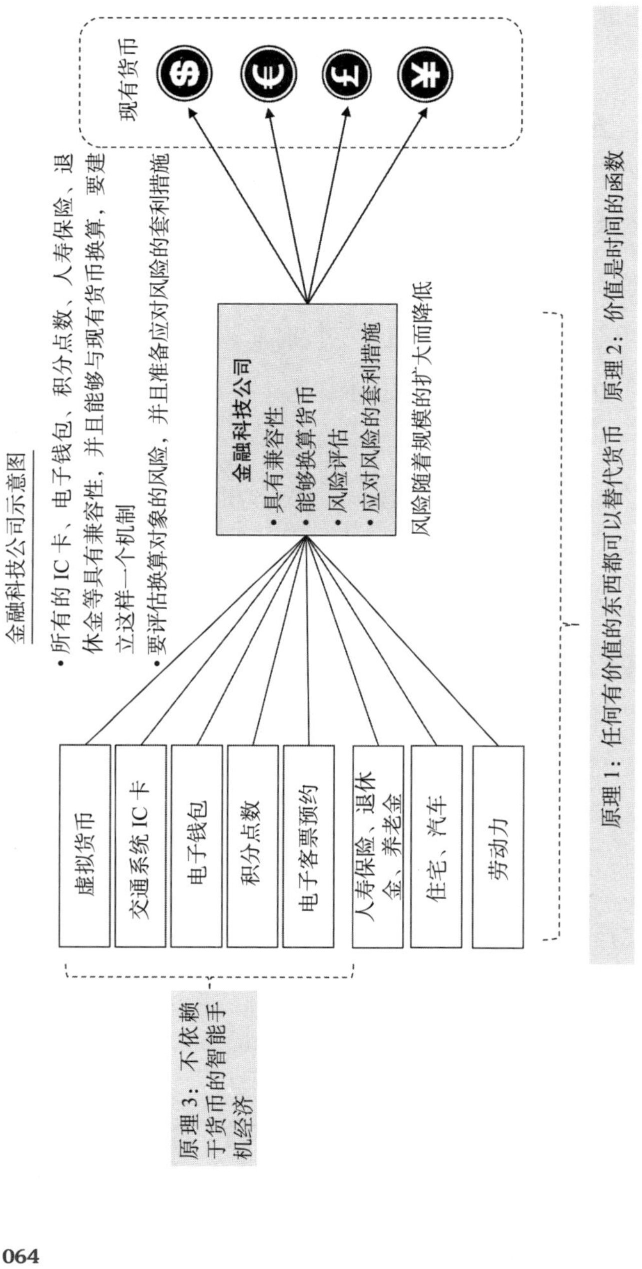

图 2-11 原理 4：金融科技代替国家或金融机构提供信用

金融科技将如何扩大商机

理解原理和本质

我想商务人士不应该把目光局限于眼前发生的一些变化，只有充分了解金融科技的本质及其 4 个原理，才能够扩大商机。

运用智能手机能够使已创立的商业迅速扩展到全球范围。比如，交通系统非接触 IC 卡能够掌握乘车时间、乘车区间等乘客动向，从而提供相应的服务（如图 2–12 所示）。

如果能够掌握 A 乘客在工作日每天上班的乘车区间是 B 车站到 C 车站，那么 C 车站前的商场就可以给 A 乘客的智能手机发送邮件：“今天回家前在本商场购物时出示这一邮件，即可享受 7 折优惠。”这就是以个人为对象，提供一对一的服务。

另外，北国银行使用一款叫“freee”的云会计处理软件，可以与获得许可的企业共享财务数据，以此作为企业融资方案的参考。

银行能够实时掌握企业的财务数据，所以可以根据企业的业绩提供有效的建议，比如“如果营业额持续上涨，资金不断积累，可以考虑开第二家店铺”。

用土地做抵押是传统的做法，取而代之的做法是以业绩作

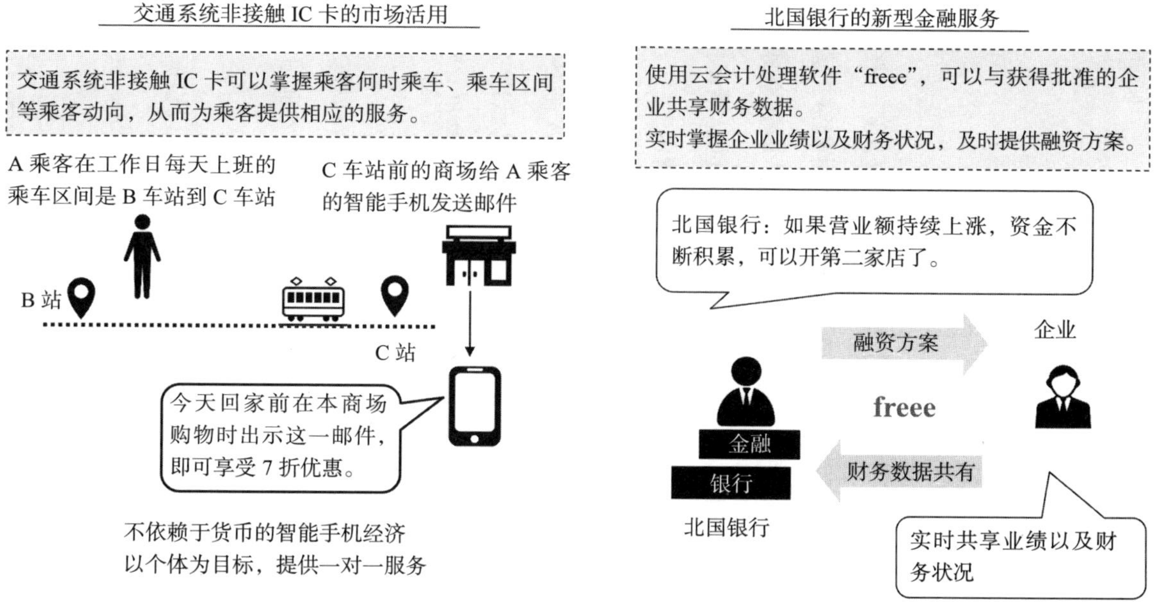

图 2–12　商务人士不应该把目光局限于眼前的金融科技变化，只有了解其本质及其 4 个原理，才能扩大商机

为担保来获取融资。这也是金融科技的做法。未来金融机构必将发生巨大的变化。

金融科技带来贸易额增长的新商业时代

我在上文提到，在金融科技中，只要是与货币等价的服务或物品都可以拿来交易，这与日本银行发行的货币量无关。因此，经济贸易额将会增长好几倍（如图 2–13 所示）。

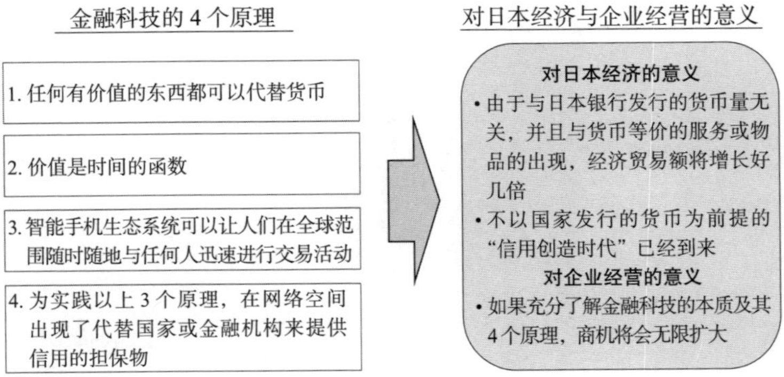

图 2–13　经济贸易额增长的时代已经到来

金融科技的出现，让不以国家发行的货币为前提的“信用创造时代”正式到来。如果商务人士充分了解金融科技的本质及其 4 个原理，那么商业规模将会无限扩大。这是一个巨大的商机。因此，商务人士一定要好好利用金融科技来发展事业。

第三章

“位置信息”带来 60 万亿日元市场的理由

从全国的消费者到你个人

市场规模 60 万亿日元，位置信息商业带来的可能性

现在获取详细位置信息的技术日益发达，随之带来的位置信息商业也正不断扩大。在街上、机场、车站等公共场所，我们基本上可以看到人手一部智能手机或者一台平板电脑。或许我们在某一个瞬间，在无意识中，以某种形态与位置信息商业产生了密切的关联。

目前为止，已经有很多产业受到了位置信息的影响，预计 2020 年，位置信息商业的市场规模将增长到 2012 年的三倍。位置信息技术才刚刚起步，就已经带来了相当多样的商业形态，接下来一个个巨大的商机将展现在本书的读者面前。

GPS 出现至今，位置信息的变迁

所谓位置信息，是指利用智能手机、社交网络服务（SNS）、传感技术、定位技术等获取人或物的位置。而利用位置信息发展起来的业务即位置信息商业，其发展时间是从 20 世纪 90 年代后半期开始至今，主要分为三个阶段（如图 3–1 所示）。

位置信息商业的初期，也被称作 1.0 时代，主要是以 GPS 技术为中心发展开来的。人们运用 GPS 技术发展汽车导航系统，同时电子地图也开始于这个时期。当时人们是以电脑操作为主的。

之后，位置信息商业进入了 2.0 时代，即位置信息与社交媒体相互连接的时代。这是一个以智能手机为中心的时代，“SoLoMo”就意味着社交（social）、本地（local）、移动（mobile）三位一体。

比如，美国社交网站 Foursquare（现在是网站与软件的结合）在 2009 年引入共享个人当前所在的地理位置信息的服务，让使用该网站的人们可以在派对中彼此认识，并成为朋友。从这个时候起，位置信息开始被运用于人与人之间的联系。

另外一个应用就是我自己也经常使用的谷歌地图。只要输入关键词“好吃的拉面店”，谷歌地图就会自动搜索出附近的拉面店信息。有时候我也会补充一些关键词，比如“周日有空位的店铺”，再进行搜索，然后根据谷歌地图给出的信息，我

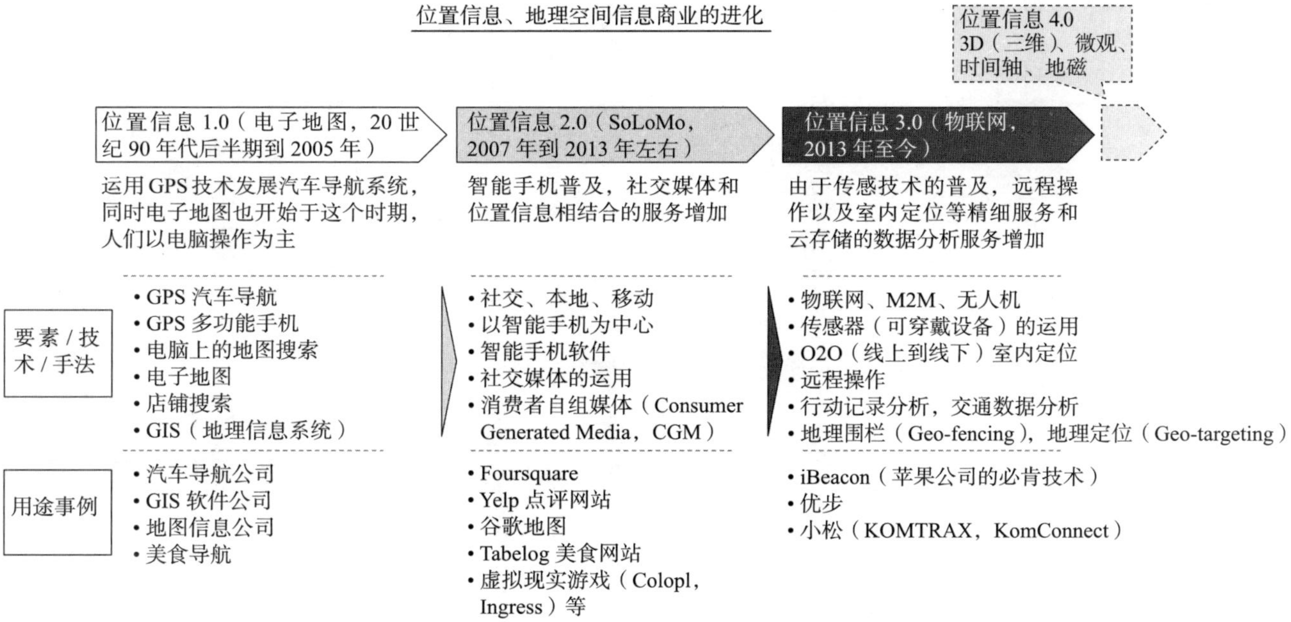

图 3-1　智能手机、社交网络、传感技术的普及以及定位技术的发展始于电子地图，与店铺搜索服务相关的位置信息商业不断地向关联商业发展

就可以骑车前往这些店铺。一些简单的操作即可让用户获取详细的信息，这真是非常便利。

3.0 时代：近距离定位或室内定位等技术的多样化

现在是位置信息商业 3.0 时代。

在 3.0 时代，近距离定位或室内定位等技术不断发展，使针对贴身物品的定位技术成为可能（如图 3–2 所示）。

首先谈一谈利用蓝牙技术的发信装置 Beacon（必肯）进行的定位。

Beacon 这项无线技术以前就存在，它一般通过那些发射光或电波等的装置来接收信号，由此获取对象物的具体位置。比如，苹果公司开发的 iBeacon，在苹果手机等设备中嵌入这一技术后，用户就能够在室内定位 1 米以内、几米以内以及 10 米以外距离的对象物。

比如，店铺设置 iBeacon 通信模块后，该模块通过感知一定距离内到店顾客的智能手机，能够向顾客发送“这里有 7 折商品”等店铺折扣信息，它甚至可以将顾客引领到折扣商品的陈列柜前。

除了 Beacon 以外，还有其他很多室内定位与近距离定位的方法，可以说定位技术已经呈现出多样化趋势：（1）利用多

运用蓝牙技术的近距离定位方式

通过运用蓝牙技术的发信装置 Beacon 发送电波进行定位。代表性的应用是苹果公司开发的 iBeacon。

将定位距离分为 4 种

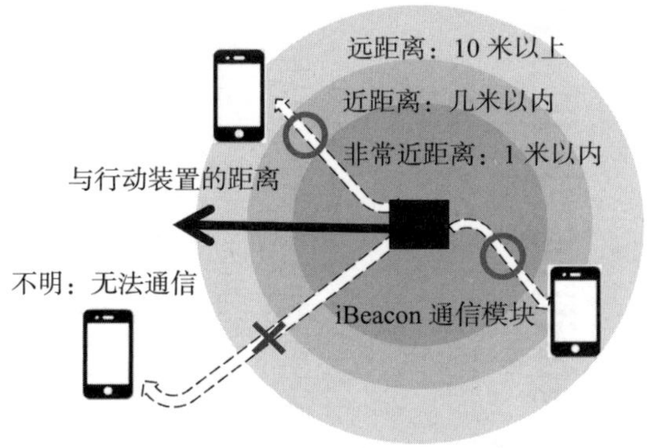

每一台 iBeacon 终端（通信模块）都有各自的识别号码，店铺的 iBeacon 终端检测到店顾客的智能手机，从而实现信息的传送

其他的主要室内定位与近距离定位方式

Wi-Fi 定位：利用多个 Wi-Fi 连接点发射的电波强度或到达时间来定位

相机影像：将相机录下的影像与事前数据化的周围影像比对，进行定位

Kinect：除了相机之外，利用传感器测量深度，计算与对象物之间的距离

可见光定位：利用人类感觉不到的速度使发光二极管一亮一灭传送信号，进行定位

独立导航系统定位：利用加速度、陀螺仪、地磁气等各种传感器，测量物体的移动方向和速度，进行定位

图 3–2 随着传感技术的发展，近距离定位或室内定位的手法与种类增加，定位贴身物品成为可能

个 Wi-Fi（无线网络）连接点发射的电波强度或到达时间来定位；（2）将相机录下的影像与事前数据化的周围影像比对，进行定位；（3）利用 Kinect（微软开发的输入设备，运用传感器获取与物体、人体之间的距离或位置，不通过遥控器，而是靠声音或者肢体语言进行游戏的操作或播放电影）测量深度，从而计算与对象物之间的距离；（4）利用人类感觉不到的速度使发光二极管等可见光一亮一灭传送信号，进行定位。

在我担任校长的商务突破大学，学校利用智能手机等加速度传感器定位技术来确认学生的出勤情况。另外，学校还引进了读取学生意见的技术，比如赞同老师则纵向摇动手机，反之则横向摇动手机。

自动驾驶、物体识别等运用在汽车上的位置信息技术

GPS 的精确度在不断提高，但是如果使用日本研究开发的准天顶卫星系统，定位结果的精确度将更上一层楼（如图 3–3 所示）。

准天顶卫星系统是指结合准天顶轨道的卫星来测量位置信息的日本卫星系统，它已被运用于三菱电机的汽车自动驾驶系统等方面。

另外，丰田汽车以及日产汽车公司也正在研究与准天顶卫星系统不同的方法实现自动驾驶。但不论研究何种方法，我们可以说，正是位置信息技术的发展使汽车的自动驾驶功能成为可能。

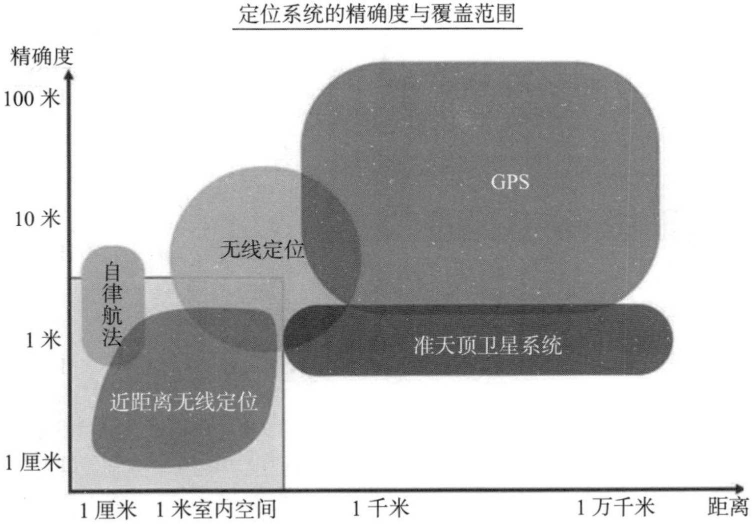

图 3–3　近年来随着传感器的普及，近距离的定位技术及其运用备受关注

其实，就算没有运用在汽车的自动驾驶上，位置信息技术也能通过感知人或物而启动警报等，搭载位置信息的技术逐渐成为现今汽车领域的一个主流。

从广播到点播的转变

由于可以获取更为精确的用户位置，位置信息技术本身的价值也在逐渐发生变化（如图 3–4 所示）。

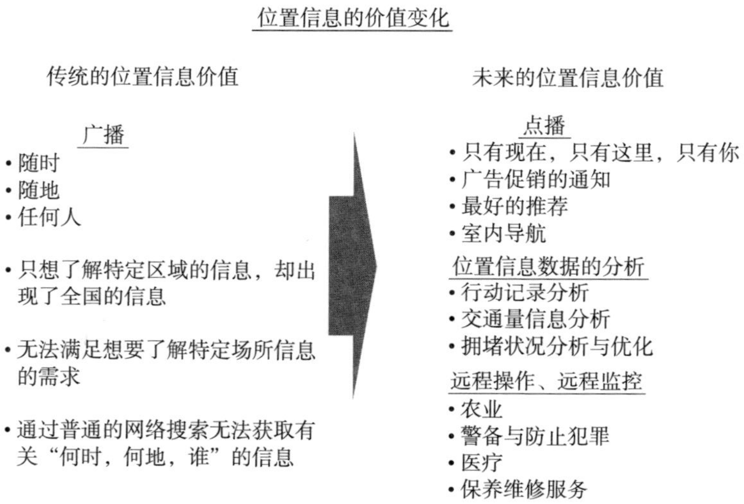

图 3–4 通过了解位置信息，你可以针对个别消费者传送信息，可以掌握特定场所的价值与问题点，也可以使远程操作与远程监控提高效率

其中一项很大的变化是，从传统的针对“全国的消费者”的大众广播转变为针对“现如今处于这里的你”的个人点播。由于个人点播技术的发展，商家实现了针对个人的重点广告促销通知，比如商家可以给走在特定区域的消费者发送相关信息——“现在到店消费将享受一定的优惠”。

另外，人们也越来越重视位置信息数据分析以及远程操作与远程监控。

针对个人来说，人们可以通过交通量信息以及道路拥堵状况来分析与优化出行路线，从而避开交通堵塞路段。而在农业、警备与防止犯罪、保养维修等领域，远程操作与远程监控技术也变得越来越重要。

此外，在医疗领域，除了对病患进行远程监控以外，医生还可以运用三维立体定位技术获取肿瘤的正确位置，再佩戴专用的眼镜进行手术。

占日本 GDP 13% 的时代即将到来？

近年来，位置信息商业飞速发展，其缘由何在？

理由之一，位置信息商业是刚刚起步的新领域，其中有很大的发展空间，很多的发展机会，以及无限的未知可能性。

“可以做成这样”或者“如果有这种东西就好了”，像这样从消费者的角度出发提出的各种创意，能简单地运用在个人或团队的业务改善上，这也是位置信息备受关注的一个原因。

按照这个速度发展下去，预计位置信息商业的市场规模将从 2012 年的 20 万亿日元一鼓作气发展到 2020 年的 60 多万亿日元（如图 3–5 所示）。也就是说，位置信息相关联产业将占据日本 GDP（国内生产总值）的 12%~13%。正是因为对未来有这样的展望，我们现在更要利用时机发展位置信息商业。

日本国内位置信息相关产业的市场规模*

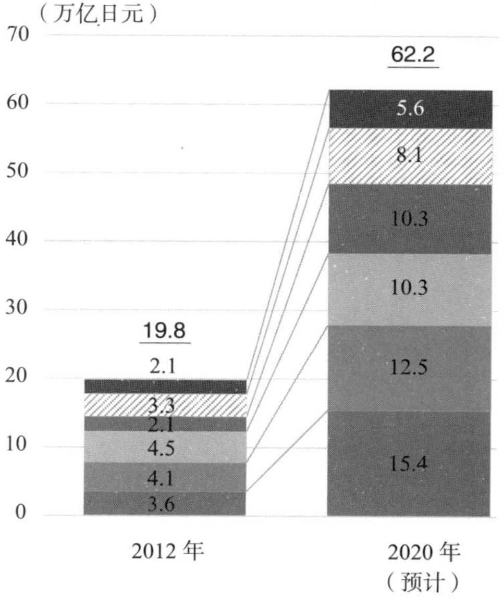

分类	运用领域
矿工业	自动挖掘，IT 资源探测，机器人等
农林水产业	自动农业，传感器农业等
零售业	促销（宣传，O2O 等）
服务业	观光，动产抵押，安保，位置信息游戏等
运输业	导航（最佳路线检索），交通管理，自动驾驶，自动仓库等
不动产业、城市基础设施产业	信息化施工（自动建设），不动产买卖，基础设施管理等

* 市场的定义：位置信息相关产业的产品和服务等的营业额

图 3-5　日本国内位置信息相关产业的市场规模，预计从 2012 年的 20 万亿日元发展到 2020 年的 60 多万亿日元

小型无人机的潜力

中国企业大疆独占无人机市场

2020年位置信息的市场规模将达到60多万亿日元，这一可能性的预测只有依靠位置信息技术的不断发展才能实现，而现在位置信息的发展是由各种技术和要素支撑着的。

首先是GPS，之后是利用iBeacon等近距离传感技术，然后是Wi-Fi、相机影像、Kinect、可见光、加速度、陀螺仪（测量物体角度和角速度的测量仪器）、地磁气等室内定位技术，再之后是以云数据为首的庞大数据，各种各样的要素联合起来，促进了位置信息技术的发展。

我们通过智能手机以及平板电脑运用位置信息技术，其发展也是有目共睹，但是更为先进的一项发明——无人机备受世人的关注。

无人机原本只被开发运用于军事。对我来说，无人机就好比电动“竹蜻蜓”。

2014年无人机的全球市场规模达到了650亿日元。整个市场70%的产品都来自中国广东省深圳市的一家企业——大疆，它制造并销售民用无人机以及相关联的机器（如图3–6所示）。

无人机全球市场规模的份额数据

（2014 年估计）

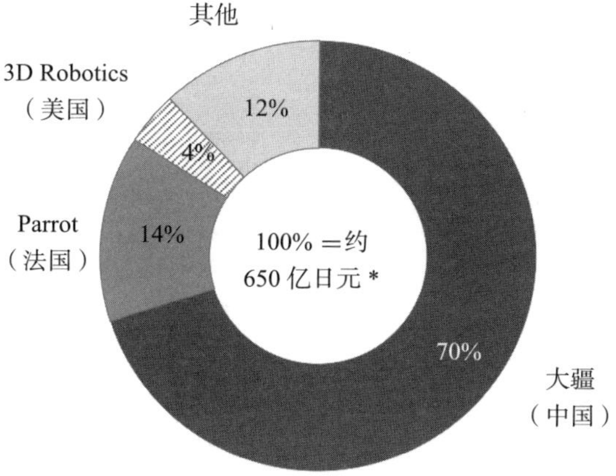

* 以 1 美元= 106 日元换算

主要企业及经营者概要

公司名	大疆创新科技有限公司（DJI-Innovations，简称 DJI）于 2005 年创立，营业额约 600 亿日元（2014 年估计）
创始人	汪涛（Frank Wang Tao）
概要	• 1980 年出生于杭州 • 2006 年就读于香港科技大学时创立大疆 • 2015 年 4 月，大疆的无人机坠落在日本首相官邸的屋顶。此后大疆修改了系统，将日本首相官邸以及皇居周边设置为禁止飞行区域

公司名	3D Robotics 2009 年创立，总部位于美国加利福尼亚州伯克利
创始人	克里斯 · 安德森（Chris Anderson），佐迪 · 穆诺茨（Jordi Munoz）
概要	• 克里斯 · 安德森的兴趣在于遥控飞机的制造，在担任《连线》杂志总编辑时创立了网络社团 “DIYdrones” • 当时还是学生的佐迪 · 穆诺茨将自己制作的直升机动画上传到该社团的网站，由此两人萌发了共同创业的念头

图 3–6　中国企业大疆称霸无人机市场

大疆的创始人汪涛，1980 年出生于中国杭州，他在香港科技大学就读时创立了大疆公司。虽说无人机是“无人机爱好者的玩具”，但是 2015 年 4 月一架大疆无人机坠落在日本首相官邸的屋顶上，这一事件引起了世人对无人机的关注。此后不久，大疆迅速修改了相关系统，将日本首相官邸以及皇居周边区域设置成禁止飞行区域。

大疆虽称霸整个无人机市场，但是除了大疆以外，世界上还有其他相关的企业，比如，法国企业 Parrot（总部位于法国巴黎），主要开发制造和智能手机以及平板电脑相关的产品；美国企业 3D Robotics（总部位于美国加利福尼亚州伯克利），主要业务是开发民用无人机以及相关联的飞行器。3D Robotics 的联合创始人之一克里斯·安德森原来是美国科技杂志《连线》的总编辑，兴趣爱好是制作遥控飞机，这也是他建立无人机网上社团的原因。后来，这个无人机网上社团成了他创办公司的契机。

只需 30 多万日元即可拍摄广告

无人机能够掌握非常精确的位置信息，因此可以有很多种使用方式。无人机的用途之一是拍摄广告。一直以来，人们借用直升机才能拍摄出想要的高空画面，现在可以选择用无人机拍摄，其操作简单且价格便宜。当然，操作无人机需要熟练的技术，但是无人机可以飞到人类难以到达的地点，可以解决因降落距离以及成本导致的无法借用直升机的问题，并且人们只需要 30 多万日元即可用无人机完成广告拍摄。除了操作人员直接操作控制以外，你还可以事先将路线编写进无人机的系统并使之按照既定线路飞行。

无人机有可能载人

除了航拍以外，无人机的用途日新月异，在不断发展扩大。现在无人机大半是无人机爱好者的玩乐项目，但是接下来几年，无人机也将被广泛运用于产业上的设备点检，以及灾害调查等领域（如图 3–7 所示）。

比如，有人在山上遇到灾害时，救援队直接上山搜寻会相当耗时，且会遇到地势险峻等问题，这个时候可以先操作无人机去掌握实地情况。无人机可以运输救援物资，也可以在火山口进行调查工作。

无人机还可以运用在测量、警备、个人侦察机等领域。四五年以后，无人机除了产业用途以及供爱好者玩乐以外，我想它也会为普通民众所用。到时候无人机可能也会被运用在登山道路指引等方面。在日本流传至今最早的正史《日本书纪》中，记载了一只名为八咫鸦的神鸟，它受天照大神的派遣，来到人间为神明带路，按照这个说法，那么无人机可以说是现代

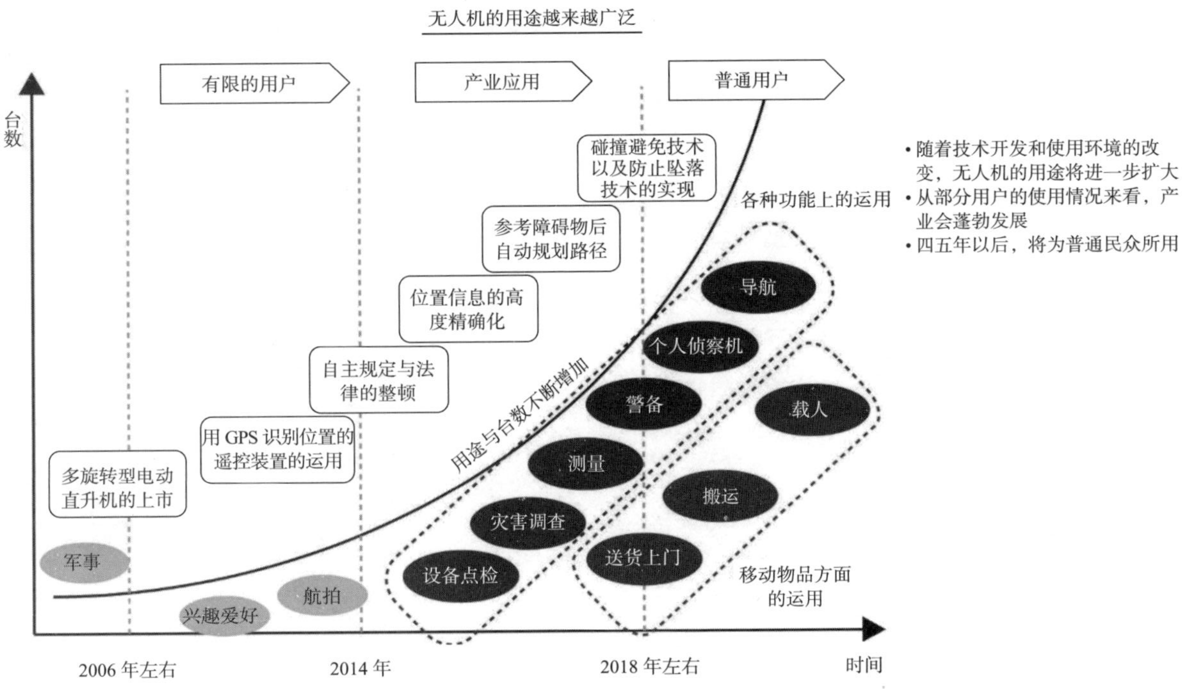

图 3–7　利用搭载 GPS 的无人机进行测量、远程设备点检、警备、灾难对策以及物流等

版的八咫鸦。

无人机调查飞机事故的关键在于从飞行记录器转变为 GPS

无人机不断被运用于各个不同的领域，而位置信息服务的运用也将越来越广泛。

如图 3–8 所示，位置信息的运用越来越广泛，在产业方面有航空、船舶、物流、农业机械、建筑机械等；在个人与安全方面有个人导航、民间警备和紧急通报；在危机管理方面有灾难对策、安全保障；在时刻参考方面有数据中心、金融贸易；在测量方面有民间测量以及公共测量等。

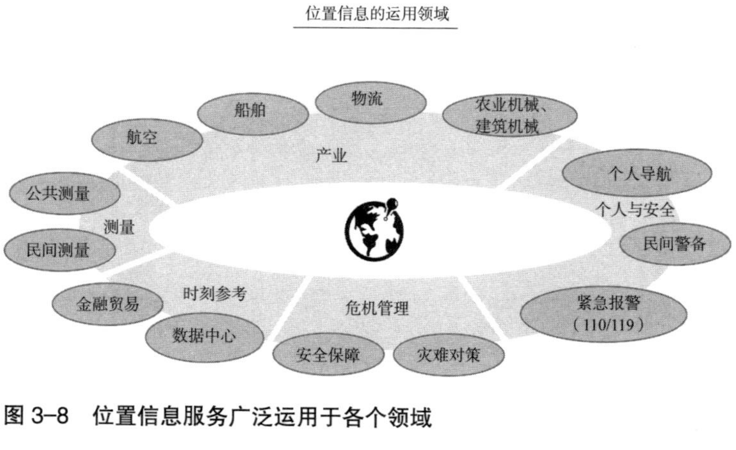

图 3–8　位置信息服务广泛运用于各个领域

在航空领域，发生坠机事故之后，现在的处理方式是先搜索记录飞行资料的黑匣子。然而，回顾2014年3月马来西亚航空的MH370飞机在印度洋上方飞行时突然失联，不仅机体下落不明，黑匣子也没有找到，最后因为黑匣子电池耗尽，搜救行动不得已被中止。至今其失踪原因仍是一个未解之谜。

另外，2015年10月俄罗斯科加雷姆航空公司客机A321在埃及西奈半岛中部坠毁，在这个事件中，搜救人员仍然沿用传统的方法对黑匣子进行分析，判定坠毁的原因是恐怖袭击，但其实空难真相至今仍处于不明朗状态。由于此前发生过类似的机尾着地事件，人们对此事故原因做出了各种推测，有人认为或许是机体或引擎故障等引起飞机坠毁。

如上所述的这两个事件可以说明，完全依赖黑匣子进行事故缘由调查是很局限的。因此，今后要研究新的方法，比如运用位置信息技术，以GPS追踪所有的飞机。GPS可以追踪飞机是否从既定的飞行航线偏离，或者上升过程中是否发生异常状况等，从而在出现上述情况时立即报警提醒。当受到导弹攻击时，飞行人员也能看得到导弹的飞行线路，从而立即判断飞机在当下发生了什么事情。以前由地面上Beacon技术所做的事情，将来会主要由卫星来做。

至于灾害应对措施，2014年8月在广岛市发生了泥石流灾害。在这场自然灾害中，有关部门如果能够提前分析地表滑动的状态以及降雨量，就能够对在斜坡下方的危险区域活动的人们做出提醒。

上述这些例子说明，位置信息技术在各个领域的运用有无限发展的可能。

所有的商业活动都受到位置信息的影响

位置信息广泛运用于各个产业领域，带来的商业市场规模预计将达到 60 多万亿日元。位置信息给航空等领域带来了巨大的影响，而在其他领域，位置信息也可能带来部分影响。

以销售工作为例。有的销售人员可能会在早上 11 点去漫画书店看书，下午 3 点去喝下午茶，然而向上司汇报的时候说自己今天谈了 8 个案子，如果能够通过智能手机掌握他的位置信息，那么上述这种情况就将不复存在。而这对于销售人员来说简直是噩梦。

举这个例子可能有些过火，但我认为如果能够掌握销售人员的工作行踪，管理他们的工作内容，了解他们在哪里和谁聊了什么，也有助于他们业绩的提升。这样还能免去一个步骤——销售人员不需要再回到公司汇报当天的工作内容，可以直接回家，这也算是好处之一吧。

在位置信息的 3.0 时代，各种工作的效率将会提升

提供管理服务，协助施工作业

在业务改善方面，位置信息技术的运用案例数不胜数，比如管理零部件仓库，管理周末保养等。接下来我们看看一些公司在实际运用位置信息之后发生变化的具体事例。

我在第四章将会详细说明，建筑机械公司小松早已运用 GPS 技术获取位置信息来进行建筑的维修工作。

制造和销售农业、建筑业等方面机械的洋马公司开发了一个系统，叫作“智能助手”（如图 3–9 所示）。洋马公司在

洋马的“智能助手”

运作情况管理工具：机械运作情况的“可视化”
工作日报制作工具：记录作业内容，改善运用效率
生产履历：联动运作机械信息，管理生产履历
防盗的保护工具：机械一旦越过设定范围就会发出警报
运作维修保养服务：根据运作情况提出维修方案
故障通知服务：机械发生故障时，在初期掌握故障部位

- 搭载了 GPS 与通信终端的农业机械发送其运作情况，根据这些信息为客户的机械提供监控服务
- 通过提高售后服务质量留住客户
- 除了针对农业机械，还向建筑机械和小型船舶方面发展

图 3–9　洋马公司开发该系统，在拖拉机和联合收割机上安装 GPS 与传感器，远程管理农业机械的位置和运作情况，加强售后服务

拖拉机或联合收割机上安装传感器，通过远程管理农业机械的位置和运作情况，协助农场的经营。除了记录机械的作业内容，让用户了解状况之外，公司还可以根据运作情况提出维修建议，在初期就掌握机械可能出现故障的部位，从而加强售后服务。

亚马逊仓库里自由行走的机器人 Kiva

在物流方面，我们将目光聚焦在亚马逊。亚马逊尝试使用无人机配送商品，一度成为热门话题，但是最令人震惊的不是无人机，而是亚马逊的仓库。

2012 年亚马逊斥资收购了 Kiva 公司的机器人项目，并在一个配送中心内引进了这家公司的数千台物流机器人（如图 3–10 所示）。在操作人员的指令下，每一个机器人以飞快的速度在仓库内自由行走，它们不仅能够搬运包装好的商品，还能将整个商品架都搬运到包装中心，整个过程实现了自动化运作。在 YouTube（优兔）上有相关的视频，我看过之后真是感到震惊。所有的机器人都搭载感知周围物体的运动传感器，从而能够在不碰撞彼此的前提下在仓库自由行走。

为了不让其他企业也使用这种机器人，亚马逊收购了该机器人公司，应该没有什么公司会像亚马逊这样在物流上斥巨资了吧。亚马逊还在日本小田原建立了一个大型物流中心，同时引进了 Kiva 机器人。

亚马逊物流机器人

图 3–10　亚马逊物流机器人在操作人员的指令下，将架子或商品搬运到工作人员的所在之处，它们掌握仓库的位置信息，并且能够自由行走，提高了物流效率

匹配现场工程师与顾客

日本寺冈精工公司制造全日本零售业中使用的计量器与销售点终端等产品，并且全年无休，全天候监视产品的运作情况。公司在服务中心配置了有 7 年以上现场经验的操作人员（如图 3–11 所示）。如果发生什么情况，操作人员可以通过远程操作来维修终端设备。

寺冈精工在全日本有 140 多个据点，并且配备有 600 多名现场工程师，能够以最快的速度派出工程师为客户解决问题。虽然这是很传统的方法，但是公司通过结合物联网技术，可以测量零部件的磨损状况或温度变化等，检测异常状况，进行预防维护工作。

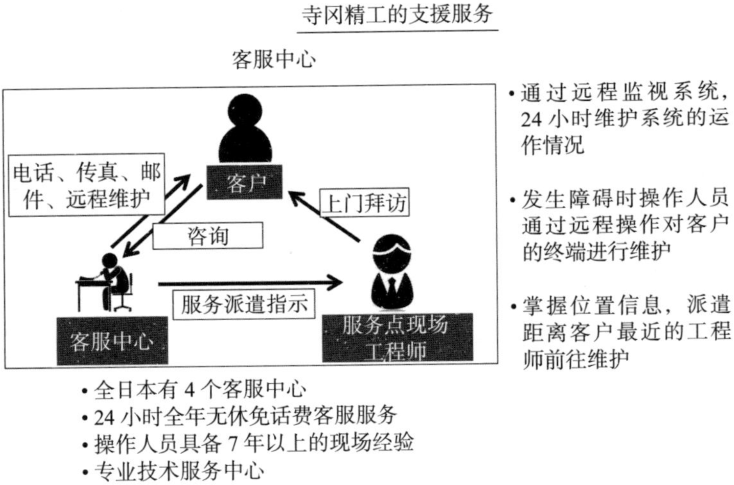

图 3-11　寺冈精工全天候监视产品的运作情况，掌握全日本现场工程师的位置信息和行程安排，派遣距离顾客最近的工程师前往检查维修

思科公司也利用类似的方式监控自己公司生产的路由器。

总之，像这样对现场工程师进行定位，掌握工程师的行程安排，为客户派遣距离最近的工程师前去维修的服务行业，未来将成为一个主流。

从持续营业到掌握市场动向的“GPS Punch！”

东京的RedFox是一家新兴企业，它开发了一项大家可能不能马上使用的云服务“GPS Punch!”（后改名为“cyzen”）。这项服务在云端运用智能手机或平板电脑等智能终端的GPS，进行营业、保养、建设等工作，来提高所有现场工作的效率（如图3–12所示）。

比如在公司业务方面，员工在智能手机上输入预计拜访的公司，到这家公司的线路就会自动跳出，那么团队内就可以实时共享信息，讨论是否按照建议采纳该路线。拜访结束后，员工可以用电子报告书的形式总结当天的洽谈内容，以此作为每天的报告供上司与团队成员浏览。如果团队的每一位成员都这么去执行，公司就可以提高整个团队的工作效率。

另外，现在员工进行工作上的业务交接很不容易，最多是员工之间智能交接客户名单之类的，但是如果运用这一项服务，业务员的访问记录与洽谈内容等都可以很明了地交接给下一个业务员，那么对一家公司来说，业务交接就能够实现无缝接轨。

针对“GPS Punch!”维修保养的解决方案是，检查员可以用现场的位置信息与前后照片提交检查报告。

公司甚至可以以外勤人员的出勤、拜访、休息等位置信息记录作为评估员工出勤的依据。员工的报告书以及现场负责人收集的商品在市场上的反馈，有助于公司掌握市场动向。

什么是“GPS Punch!”？

- 在云端运用位置信息，提高团队工作效率的软件程序
- 确认所有成员的所在地以及活动路线
- 除了出勤管理、活动管理、成本削减等传统的业务管理功能之外，还为不同的行业提供相应的解决方案

不同行业的解决方案：

- 公司业务：显示员工与顾客约定的地点，实时运用电子报告书提高工作效率
- 保养维修：为客户量身定制检查报告书，检查员可以用位置信息与前后照片提交检查报告
- 出勤、活动掌握：记录外勤人员的活动路线，如出勤、访问、休息等，结合位置信息留下依据
- 市场动向掌握：现场负责人能够利用报告书收集市场对产品的反馈

未来不同业务解决方案的示意图

（商务突破大学研究成果）

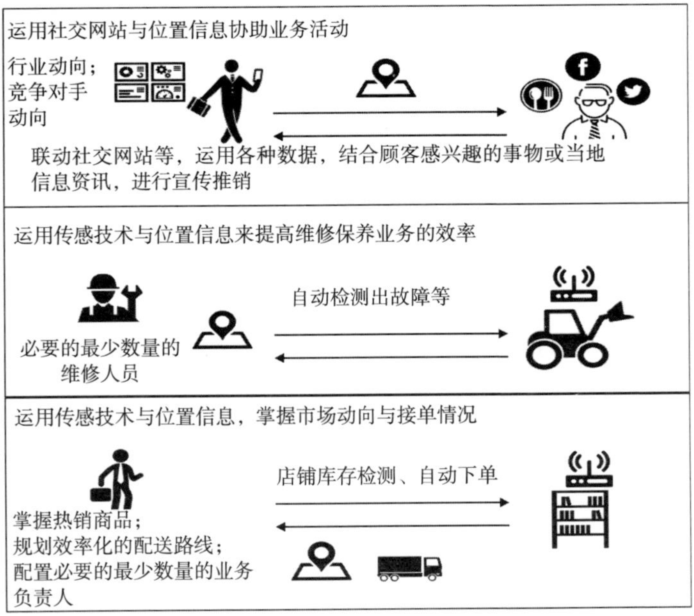

图 3–12 “GPS Punch!”是一项云端服务，它运用智能终端 GPS，进行营业、保养、建设等工作活动，提高所有现场工作的效率

我相信从这一云服务起步，未来应该还会诞生各式各样的服务。

比如，公司可以联动社交网站，结合顾客感兴趣的事物或当地信息资讯，进行宣传推销；可以结合传感器自动检测出机械的故障等，提高保养维修工作的效率；甚至可以结合市场动向，自动检测店铺的在库情况，从而进行自助下单等，任何情况都存在着可能性。

占高尔夫球场管理费 65% 的除草费用有望减半

对于高尔夫球场的除草工作，人们同样可以运用位置信息来提高效率。

同时经营着电子机器业务与运动业务的日本东京公司 Mamiya-OP 与美国除草机制造商 Jacobsen 联手开发了一款自动除草机器人（如图 3–13 所示）。

Mamiya-OP 公司的自主移动控制模块“I-GINS”可以同时搭载三轴陀螺仪传感器、GPS、无线通信和障碍物感知技术，并且能利用机器之间的通信将“I-GINS”与 Jacobsen 公司的除草机连接起来，形成自动除草机器人。

运用 GPS 生成高精确度的高尔夫球场地图，除草机器人可以自动生成轨道，在夜间完成球道内的除草工作，只需要 20 分钟即可清理完一个球洞距离的草地。以时速 10 公里的速度除草，除草机能够将误差保持在设定轨道的 3~5 厘米的范围内。一台除草机的价格为 7 万 ~9 万美元。一般来说，除草费用占了高尔夫球场管理费的 65%，使用除草机器人有望将管理成本减半，三年即可回本。人们利用平板终端即可简单操作除草机，必要时还可以切换为人工操作。

打高尔夫的人应该知道的一点是，高尔夫球场是需要位置信息技术的。除了除草机的保养维修以外，玩家也需要位置信息的支持。以前我在澳大利亚打高尔夫的时候，球场运用 GPS 技术为玩家提供“球距离旗杆还有几米”的通知服务。

高尔夫球场除草机器人的概要

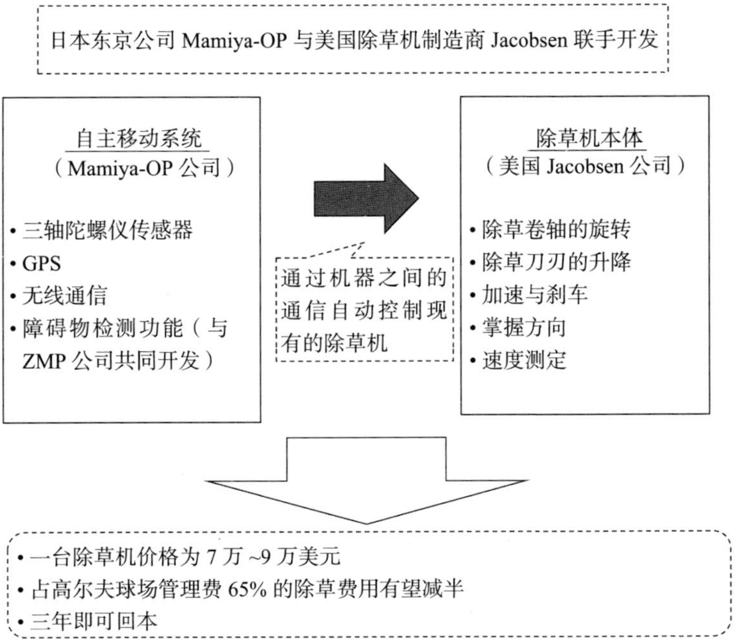

高尔夫球场除草机器人的主要功能与特征

高精确度地图的生成与自动控制
- 只要走过一次高尔夫球道的边缘线，即可自动生成地图
- 自动生成球道内的除草轨道
- 除草机以时速 10 公里的速度前进，能够将误差保持在 3~5 厘米的范围内
- 20 分钟内即可除完 1 洞距离的草地

障碍物感知功能
- 除草机前后都安装了障碍物感知传感器
- 具备感知人类等障碍物的功能
- 甚至可以感知高尔夫球大小的障碍物
- 障碍物感知功能是与开发自动驾驶技术的新兴企业 ZMP 共同开发的

操作简易
- 利用平板电脑即可简单操作
- 同时具备自动、手动切换功能，必要时也可以切换为人工操作

图 3–13　运用 GPS 与陀螺仪传感器，实现高尔夫球场除草机的自动化，将除草成本减半

位置信息技术的发展将带来什么？

根据邮政编码提供气象信息的 Weathernews

位置信息的发展给我们的生活带来了哪些变化？接下来我们一起来看一下。

如果想要知道未来几天的天气，大家都是从哪里获取天气

信息的呢？日常生活中，虽然大家会对气象厅提供的天气信息有所怀疑，但这可能不会为我们的生活带来太大影响。可是，现实中有很多人因天气原因失去了生意机会，所以，我们就需要更详细的气象信息。

这样的需求近年来备受关注，提供详细气象信息的日本 Weathernews 公司已经为大家所熟知（如图 3–14 所示）。Weathernews 搜集了来自各方的数据，比如飞机内搭载的传感器、车载传感器、测量波浪与气压等的船舶搭载传感器、测量花粉量的花粉传感器和传统的 Beacon 传感器等所观测到的数据，它甚至还搜集了用户参与的气象体感数据。除此以外，该公司

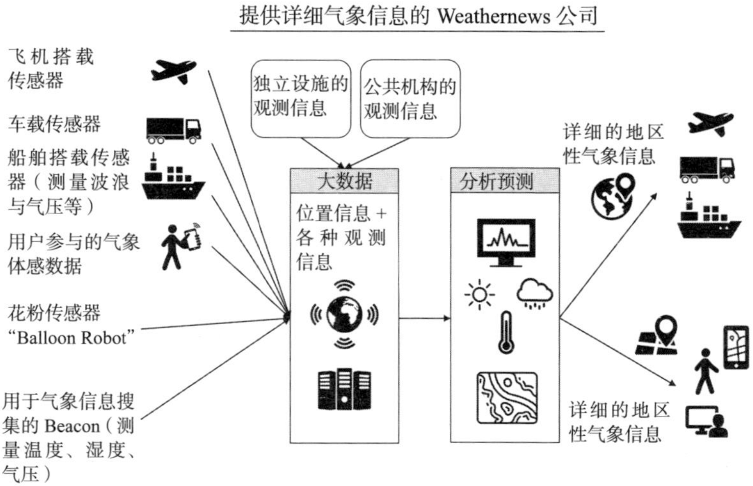

图 3–14　Weathernews 结合 Beacon 传感器搜集的信息以及用户参与的智能手机信息，提供不同地区的各种气象信息

还结合气象厅的观测数据以及由其公司的基础设施观测到的数据进行分析，从而为用户提供不同地区的详细气象信息。

Weathernews 所提供的气象信息是根据邮政编码来分类的，这样人们就可以获取非常详细的地区性气象信息。但要获取详细的地区性气象信息，光靠气象厅的观测是不够的。Weathernews 利用各种观测数据与高精确度的位置信息来弥补气象厅的不足，为民众提供更详细的地区性气象信息。现在 Weathernews 是一家收益很好的企业，今后这种详细的地区性气象信息也将被应用在灾害应对方面。

运用室内定位买到刚烤好的火鸡

美国最大零售商沃尔玛现在注重发送定位广告。公司会给消费者的智能手机发送消息，通知消费者现在距离他最近的店里面有哪些特价商品。

收到消息的消费者如果感兴趣的话，他进入商场的同时，智能手机就会引导消费者到达他感兴趣的商品前，比如告知消费者“先右转再左转，商品就在这个架子上”。沃尔玛是大型超市，这样的指引对于消费者找到心仪的商品是非常方便的。

这样的定位广告可以有多少成效呢？

2014 年沃尔玛在感恩节当天给消费者发送了“黑色星期五

广告”。有 2 500 万人下载了这样的促销广告，这些人可以从广告中得知店铺降价的幅度，顾客们在火鸡出炉之前就在网上下单了，之后他们进入商场会被立刻引导到火鸡的摊位，随即带走已经烤好的火鸡。

沃尔玛注重广告提醒和顾客的满足度，巧妙地运用室内定位引起消费者的购物欲望，因此创下了继前年网购星期一（Cyber Monday）之后的业绩第二高的纪录。所谓网购星期一是感恩节假期之后的第一个工作日，即周一，也是网络购物促销活动的第一天。

预测并应对 15 分钟或 30 分钟之后收银台的拥挤情况

在日本零售商中，北关东民众经常光顾的购物中心 Beisia 为了缓和收银台拥挤的情况引进了位置信息技术。

在 Beisia 佐仓店有 50 个以上的收银台，这些收银台可以自动预测出 15 分钟、30 分钟以后大约会有多少消费者来结账。

能做到这一点是因为购物中心在店铺的入口处与收银台附近安装了 50 多台传感器，采集店内的客流量数据。购物中心结合过去的数据预测实际需要多少个收银台，接着考虑现在正在运作的收银台，就可以自动预测 15 分钟、30 分钟之后需要开放的收银台数量。系统将预测的数据传送给收银台附近的店员的终端设备，店员即可根据拥挤状况决定是否开放或关闭收银台，或者引导消费者到排队人数较少的收银台结账。

以前都是店长根据经验临时指派店员“到那边的收银台去帮忙”。但店长如果能够提前15分钟预测收银台的排队情况，就可以事先安排店员前往帮忙。总之，利用消费者数据，购物中心可以缓解收银台拥挤。

该公司的关键绩效指标是“收银台排队数量在2个队列以下”，公司运用位置信息技术达成了这个目标，并且达成率高达之前的4倍。

在公园也可以下单达美乐比萨

最近，我经常在东京的6个行政区里看到来来往往的乐天汽车。这些乐天汽车上都装载着乐天的商品，特别是一些热销的商品，汽车在这个区域内来回穿梭，只要买家住在这片区域内，商品就可以24小时随时随地送达。

也就是说，只要买家在指定的区域内，不论在办公室内还是外面，只要在智能手机能定位的地方，运用位置信息，快递员即可将货物送到那里。

达美乐比萨引进了同样的服务。在以前的系统下，消费者通过电话下单，外卖人员再将比萨送至消费者指定的地点。现在系统更先进了。消费者可以利用智能手机的GPS功能定位自己现在所处的位置，不用人工输入所在地，外卖人员就能将比萨送达。外卖人员甚至可以给在公园约会的情侣送比萨，同时送上一句“让您久等了”。

这种“位置即消费者”（用智能手机的位置信息定位消费者的所在地）的想法同样也适用于优步等服务，其商业模式即乐天与达美乐所提供的服务形式。我们虽然目前还不确定未来会有多少需求，但是通过不断尝试运用位置信息，我们可以期待更多应用领域的发展。

在棒球场看比赛也能够购买指定品牌的啤酒

棒球场也运用了各种位置信息技术。

美国职业棒球大联盟（MLB）通过手机软件“MLB.com Ballpark”为观众提供各种服务。当观众靠近球场，观众的手机就会收到当天球场的比赛资讯。一接近球场入口，该软件就会显示用于入场的条形码，并指引观众入座。同时该软件还具备积分功能，可根据用户的“热衷程度”（即使用频率）提供一定的折扣服务。一接近球场内的商店或餐厅，软件就会给用户发送优惠券，当用户使用这些优惠券时，店家就会掌握他们的一些信息，比如“这是一个购买季票的客人”。除此以外，该软件还具备地图功能，能够引导客人前往球场内的厕所以及入口等地方。

另一方面，日本的球场，比如大阪京瓷巨蛋和乐天宫城球场，采用了特殊的手机软件。很多观众在观赛过程中会喝啤酒。观众可以通过“NAVI”（棒球场导航）这个软件购买自己喜欢的品牌的啤酒，然后一边喝酒一边观赛。

该软件利用了座位上安装的 Beacon 以及智能手机，观众只要通过这个软件选择喜欢的啤酒品牌，比如麒麟啤酒、朝日啤酒、三得利啤酒等，啤酒卖家就会将下单的啤酒送到指定的观众席——“朝日啤酒给您送来了”。

在乐天宫城球场，三垒后面约 5 000 个观众席可以使用这个呼叫功能。其他区域的观众则可以浏览商店信息、热销商品以及设施指引等，这是一个观众在看比赛时使用非常方便的手机软件。

在旅行观光领域进行客户分析，提高服务品质

连“对白雪公主不感兴趣”的细微行为也能掌握

一直积极分析客户行为的美国沃特·迪士尼公司（下面简

称迪士尼），通过利用无线射频识别（RFID）晶片更为细致地掌握游客的行为，并且迪士尼公司将其灵活运用于市场营销中。

佛罗里达州的沃特·迪士尼世界度假区引进了“魔术手环”这一手环型电子票，这些手环内置无线射频识别晶片。它拥有一种通过电磁波读取非接触式数据的系统，嵌入电子标签内的微小无线晶片就是无线射频识别晶片。这种晶片非常小，所以也可以安装在回转寿司盘子内部或者衣服上，用于商品管理。

迪士尼的魔术手环不仅仅是简单的电子门票，还能够作为迪士尼酒店的电子钥匙，它也是游客不用等待就能进入游乐设施的快速通行证，除此以外还具备信用卡功能，这对游客来说非常方便。

这一便利手环对迪士尼来说是非常重要的营销工具，通过这个魔术手环，迪士尼公司可以掌握游客在园区内的一部分行为，甚至可以掌握一些惊人的细节，比如某位游客喜欢高飞狗，对白雪公主不感兴趣。

对这些数据的搜集与分析，可以将市场信息转变为定制化信息。由此迪士尼公司能够为游客推荐符合其兴趣爱好的游乐设施，从而提供更为细致的服务。

迪士尼一直以来都善于分析、调查停车场的车辆，并分析出这些游客来自哪些地方，找出与这些地方收入水平相当的地区，然后在这些地区集中打广告进行宣传。以停车场为基础进行的分析，是内置无线射频识别晶片的魔术手环所带来的更细致服务的结果。

运用位置信息技术提供多样化的旅行观光服务

位置信息技术也运用在旅行观光领域，如表 3–1 所示。

兵库县丰冈市的城崎温泉以老店旅馆山本屋为中心，旅馆内和旅馆外的公共浴池以及温泉街的商店都设置了可以读取 FeliCa（索尼公司开发的一种非接触智能技术）晶片的终端设备。此外，公共浴池的入场券内置 FeliCa 晶片的 IC 卡，因此旅馆的工作人员能够时刻掌握游客使用公共浴池的次数，也就是只使用“温泉服务”的游客人数。

调查研究日本国内旅游情况以及协助各地区吸引游客旅游的网站 Jalan，可以根据手机的位置信息数据掌握不同地区不同时间的游客人数，从而为游客提供更为详细的观光支援服务。

发展 Wi-Fi 业务的通信企业 Wire&Wireless 和埃森哲公司针对访日外国游客，共同开发了一款叫作“日本旅行 Wi-Fi”的手机软件，游客可以免费连接日本全国各地的 Wi-Fi，从而获取观光信息和优惠券等。游客一旦下载了该软件，公司就可以掌握用户的国籍、性别等资料。结合 Wi-Fi 的连接点和 GPS

的位置信息，公司就可以掌握用户的观光路线。下载该软件的人数非常庞大，所以公司可以通过这个软件获取并分析访日外国游客的有效数据。

表 3–1 位置信息技术在旅游观光领域的运用

运用领域（公司或团体名称）	服务内容
掌握游客泡温泉的次数（城崎温泉）	• 以旅馆山本屋为中心，在旅馆内外的公共浴池以及商店都设置了可以读取 FeliCa 晶片的终端设备。以 FeliCa 晶片取代公共浴池的入场券，可以掌握使用公共浴池的人数
掌握来自不同地区的游客信息（Jalan）	• 根据搜集的位置信息数据掌握不同时间的游客人数 • 进行地方观光相关的问卷调查，根据结果以兴趣和认知度将各个地区的观光资源具象化
掌握游客的观光路线（Wire&Wireless，埃森哲公司）	• 用户下载手机软件，公司由此掌握用户的国籍、性别等属性资料，除此以外，结合 Wi-Fi 连接点和 GPS 的位置信息可以掌握用户的观光路线
购物（J&J 公司，由日本最大的跨国旅游集团 JTB 和日本唯一的国际信用卡品牌 JCB 共同出资创立的公司）	• 访日外国游客带着下载了相关软件的手机进入小卖部、餐厅、车站以及酒店时，公司会将商店可以使用的优惠券、对于来这个地区游玩的外国游客有用的常见问题解答、酒店周边百货商场的打折活动等信息自动发送到游客的智能手机上

由 JTB 和 JCB 共同出资创立的 J&J 公司，开发了一款针对访日外国游客的网购手机软件，叫作“日本购物”。访日外国游客带着下载了相关软件的手机进入小卖部、餐厅、车站以

及酒店时，一些商店优惠券、对外国游客有用的常见问题解答和酒店周边百货商场的打折活动等信息会被自动发送到游客的智能手机上。

通过这类手机软件获取的数据信息，公司就可以获取外国游客的观光动向并进行分析。

快速增长的访日外国游客的观光行为分析

在访日外国游客的观光行为分析方面，DOCOMO领先于上述提及的手机软件，这个手机软件于2013年10月开始提供访日外国游客的人口动向分析服务。

当外国游客入境打开手机时，手机开始连接网络，此时系统就能够掌握外国游客所在之地。

由于游客在本国订购了国际漫游服务，系统甚至可以辨别出这是哪个国家的国际漫游服务，从而得知该游客的国籍。这些信息会体现在系统的区域地图上，通过圆形图标显示，不同国家游客的比例一目了然。该软件以城镇和村为单位，用不同颜色标出不同国家的游客分布比例，提供每小时的实时动态。

如果能够根据地区获取更为详细的数据信息，那么商家就可以采取更为精确的促销策略。比如，在这个区域有多少中国籍游客，促销活动怎么做，俄罗斯游客不断增长，应当相应增加俄语翻译人员等。

当然做得太过火了也不是一件好事。但是我曾经向观光局的工作人员提出一个建议：租借智能手机给所有入境的外国人。让外国游客将护照与智能手机连接起来，并且在日本境内随身携带该智能手机。这样外国游客不仅可以享受全方位的母语服务，在靠近名胜古迹的时候还可以收到相关的导览介绍。

对于因签证过期而无法取得联络的游客，观光局可以通过位置信息获取他的所在地。即使这些人的手机没电了，观光局也能掌握是哪一天开始没电的。

现在已经有一些地方开始尝试这样的做法。招来非议是不可避免的，但是在我看来，租借智能手机给外国人在将来也未必是不可能的。

针对视觉障碍者的 Beacon 语音导航

美国旧金山国际机场利用 Beacon 技术，在机场内提供语音导航。

游客一旦进入机场的 Beacon 覆盖区域内，智能手机就会收到通知。视觉障碍者等有需求的人可以使用语音导航，比如“前方 20 米左侧有星巴克咖啡店”的语音提示，以及机场设备、服务台、餐厅的位置指引。语音导航还可以在登机前将使用者引导到登机口，在引导过程中顺便提供各种信息。

Beacon 大约是普通塑料瓶瓶盖大小，价格约为 20 美元，电池的寿命是 4 年，可以以较低的成本引进。机场一个候机楼周边大约设置了 300 个 Beacon，以此提供导航系统。

优化热门路线观光巴士的时刻表

最近在日本的很多街道都能够看到观光巴士。穿梭在埼玉县川越市的“小江户观光巴士”的车身上装有红外线传感器和 GPS，可以让管理者掌握在每个停车点上下车的人数以及巴士晚点情况等信息。

原本这趟巴士以 4 辆车等间隔时间运行，但是乘客的变动率很高。被称作“小江户”的川越市有很多的游客，一般他们看到准点到站的巴士就会一拥而上。因此，当地利用传感器和 GPS 将上下车人数具象化，有弹性地让巴士适当折返或者增加班次等。在固定时刻表的情况下，管理者可以根据上下车人数对行车路线和班次进行最优化的调整。

这么一来不仅减轻了等待巴士的乘客的心理负担，而且也让巴士公司降低了成本，例如公司在旺季时调动 4 辆巴士，而在淡季时只要 3 辆即可。

在车上预测目的地

在家用汽车领域，丰田汽车提供了一项叫作“T-Connect”的服务（如图 3–15 所示），该服务可以从司机的行驶记录中预测目的地，并且告知路况。

“T-Connect”概要

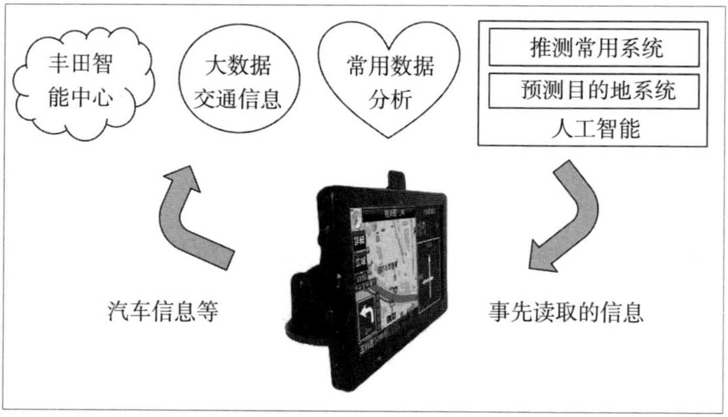

- 即使没有设定目的地，系统也会根据以往的行车记录预测目的地或路线，导航页面会出现事故信息、交通堵塞信息、天气、剩余油量等
- 根据每辆车累积的行车记录、星期几、时间和季节信息等各种数据，预测汽车接下来的目的地和路线

图 3–15　丰田汽车的“T-Connect”服务可以从司机的行驶记录中预测目的地，并且告知路况

这个系统根据每辆车累积的行车记录、星期几、时间、季节信息等常用数据来预测目的地和路线，在司机启动引擎时就

先显示三个目的地选项。在设定目的地之后，如果使用“T线路搜索”的话，系统就会给出避开交通堵塞的最好路线。

在行驶过程中，导航系统会显示事故信息、交通堵塞信息、天气以及剩余油量等。如果系统提供的信息太过详细可能会引起用户的抵触心理，让用户觉得自己的行踪被掌握得如此透彻，但恰当地使用这个系统，一定会给我们的生活带来很大的便利。

掌握紧急刹车频发的地点以减少交通事故

埼玉县政府与本田公司合作实施了一项工程——调查汽车刹车频发的危险地带，以减少事故的发生。

这项调查利用了汽车导航中每隔几秒获取的位置信息数据。通过分析这些数据，可以在地图上标出紧急刹车频发的地带。虽然对地图上显示的全部危险地带进行改造很难，但是政府可以拿出相应的对策，比如用油漆在路面上标出减速字样，或者提醒司机这里是学生上学的路段等。

实施上述工程很有成效，一个月内埼玉县的车辆紧急刹车次数减少了七成，2007年到2011年间危险地带发生交通事故的频率减少了二成。另外，埼玉县政府还在学生的上学路段制作各种提醒路标和指示牌，以提醒车辆减速缓行。

开展业务时发生风险的三大主因

产生个人信息、定位跟踪、个人隐私等风险

位置信息技术是如何发展起来，并开始给我们的工作和生活带来影响的呢？一直以来，位置信息商业传递的都是“此时”的信息。位置信息技术不仅催生了新的业务，提高了人们生活的便利性，未来也将会催生更多不同的商机。人们对此充满期待的同时，也会产生或多或少的恐惧感，比如觉得“位置信息竟然连这种事情都能够做得到”。

因此，我将把这部分的重点放在位置信息所带来的风险上，探讨人们应当如何开展业务，如何抓住商机。

目前为止，想必大家都可以从我提到的事例中看出，位置信息与人的行为有着密切的关系。因此，我们必须把所有的问题和危险性都考虑进去，在充分考量之后再正确地运用它。

如图 3–16 所示，产生风险的原因分为以下三大类：个人信息、定位跟踪和个人隐私。接下来我们一起来回顾一下每一种风险在过去都曾带来过哪些问题。

首先在个人信息方面，美国《华尔街日报》曾经报道：在 101 款热门智能手机软件中，有 47 款将用户的位置信息以某种形式发送给其他公司。另外，谷歌安卓系统里的手机软件

“Cerberus 防盗器”会在用户不知道的情况下将用户的位置信息发送给第三方，为此谷歌受到了各界的指责。这款应用软件虽然已经下架了，但是给人们留下了对手机应用软件不能完全信任的印象。

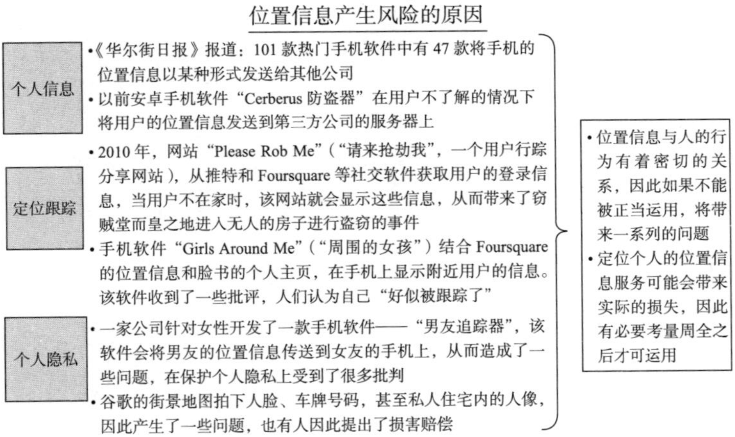

图 3–16　在运用位置信息时，必须注意个人信息、定位跟踪、个人隐私等风险

其次是定位跟踪。2010 年，网站“Please Rob Me”从推特和 Foursquare 等社交软件上获取用户信息，当用户不在家中时，网站就会显示该信息，从而带来了窃贼闯空门的事件。另外，有一款手机软件“Girls Around Me”结合 Foursquare 的位置信息和脸书的个人主页，在手机上显示附近用户的信息。此类软件让用户有被跟踪骚扰的危险，因此受到了各界的批评与指责。

再次是个人隐私。一家公司针对女性开发了一款名为“男友跟踪器”的手机软件，该软件会将男友的位置信息传送到女友的手机上，在个人隐私方面造成了一些问题。还有谷歌的街景地图拍下人脸、车牌号码，甚至私人住宅中某老人穿着内衣内裤的模样，侵犯了个人隐私，所以引起社会的非议，有人甚至因此提出了损害赔偿，而现在谷歌街景地图上涉及个人隐私的那些照片已经被全部删除了。

从上述事例我们可以看出，位置信息和个人隐私问题之间只有一线之隔。因此，在获取或运用位置信息之前，大家一定要去了解其可能带来的风险，谨慎行事。

用户的运用，提供者的运用

在充分了解产生风险的原因之后，我们要如何将位置信息运用在实际的业务上呢？我有两个方法（如图 3–17 所示）。

第一个方法是企业作为用户，在本公司的业务上运用位置信息。

前面提到的事例可以作为一种参考，比如，企业利用位置信息系统进行市场营销是提高业绩的策略之一，通过位置信息进行数据分析，提高业务效率等。

另一个方法是企业作为服务提供者，提供位置信息技术，发展服务业务，并通过了解传感器和终端设备的相关知识开发软件或系统，发展新型服务形态。比如，针对不同顾客的不同喜好而运作的一对一服务，针对特定群体开展广告促销活动的小范围传播或者针对个人传播的宣传方式。

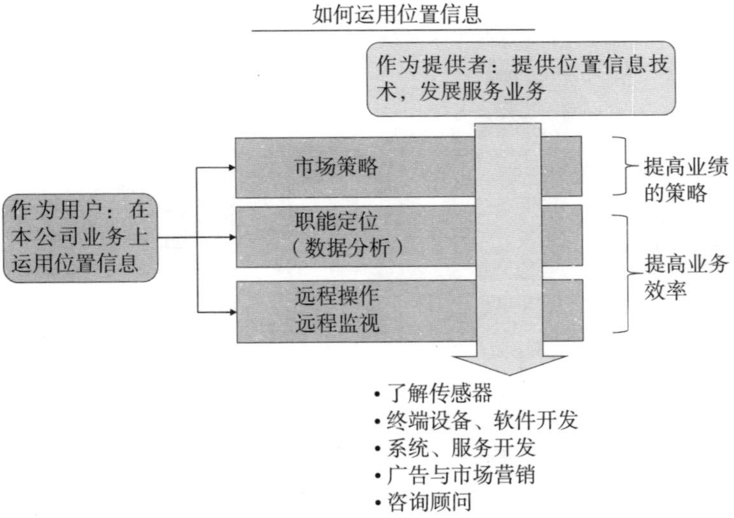

图 3-17　企业在运用位置信息技术上有两个方法，一个是作为用户，一个是作为服务提供者

在服务和软件领域仍有新兴企业发展的空间

企业想要运用位置信息发展业务的话，应该瞄准哪些领域呢？

如图 3–18 所示，GPS、通信、互联网、云端等基础设施都已经被谷歌等大企业所掌控。但是如图右侧所示的“主要使用者的定位”中，位置信息在服务和软件领域仍有发展空间。

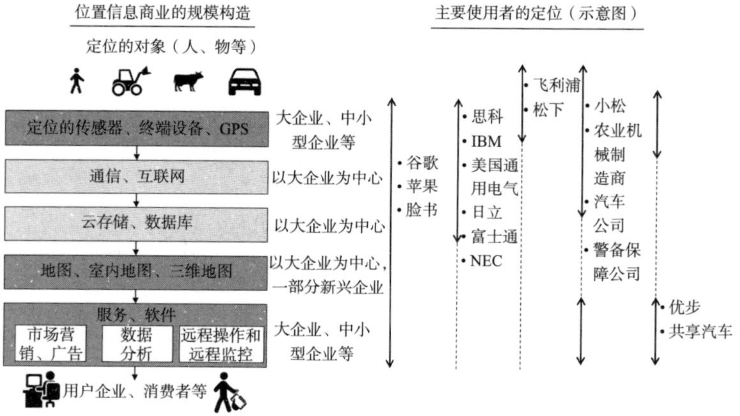

图 3-18 位置信息商业的基础设施已经被大企业所掌握，但是在服务和软件领域，中小企业仍有很大的发展空间

前面提到的 Safie 等公司才刚成立，在应用软件方面还很不足。RedFox 的“GPS Punch!”也是一样的情况。我想如果 RedFox 今后能够大力发展业务、积累经验，那么它应该会经历爆发性的成长。

在服务与应用软件领域，中小企业和新兴企业仍然有很大的发展空间。这个市场有相当大的可能性，因此大家一定要思考如何运用位置信息去发展新业务。

结合共享经济创造无限的可能性

大家在思考发展新业务的时候，还有一个重点，即共享经济。

所谓共享经济，是指在物品闲置的世界中去运用那些“闲置物品”，也就是灵活运用“闲置资源”。如果能够把共享经济和位置信息结合起来，商业的发展将有无限的可能性。

目前已经有一些企业在运用位置信息发展共享经济的商业（如图 3–19 所示）。

用户可以通过爱彼迎寻找附近的住宿。用户可以通过优步呼叫附近的租赁车辆或出租车。在共享单车领域，位于美国得克萨斯州奥斯汀的奥斯汀公司正在提供一项叫作 Spokefly 的服务。用户可以从收录在 Spokefly 里的自行车中，挑选距离自己最近的自行车，只要提前 30 分钟预约无人使用的自行车，即可前往解锁使用。而日本 Akippa 公司则在全国范围内提供个人之间简单轻松租借月租停车场空位的服务。系统能够显示出现在附近还有空位的停车场。

上述这些企业的服务都运用了位置信息技术，并且结合了“人”和“闲置物品”，根据闲置状况相应地调整价格。

从这些事例可以看出，位置信息和共享经济的结合可以给商家带来无限的商机。比如，摩天轮、电影院等固定资产其实大半时间都处于闲置状态。商家如果利用 GPS 定位周边的设

运用位置信息的共享经济企业

企业	内容
爱彼迎（美国）	• 能够利用位置信息从公司收录的房屋信息中找到距离用户最近的空房
优步（美国）	• 能够利用智能手机的 GPS 功能呼叫租赁车辆或出租车，并在用户指定的地点接客
Spokefly（美国）	• 出租自行车服务。能够从应用软件上收录的自行车信息中找到离用户距离最近且未被使用的自行车。用户提前 30 分钟预约即可解锁使用
Akippa（日本）	• Akippa 能够自动获取用户目前所处的位置信息，并显示附近有空位的停车场

灵活运用位置信息的商业模式

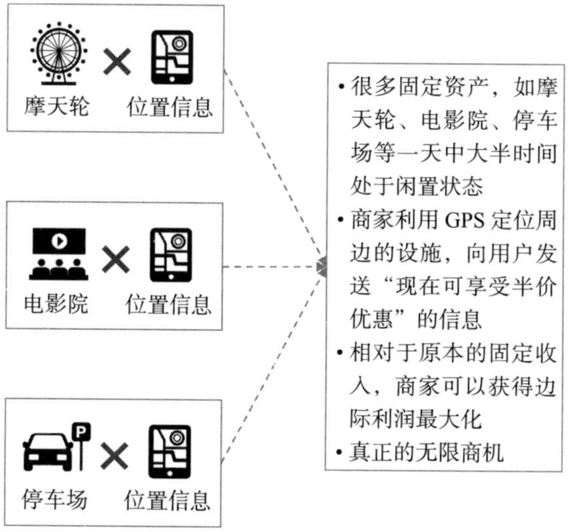

图 3–19　共享经济与位置信息相结合将带来商业的无限发展

施，给消费者发送“现在可以享受半价优惠”的信息，就可以实现闲置固定资产的边际利润最大化。

从小开始，高速重复假设，进行验证

在商业上灵活运用位置信息好处多多

相较于之前，现在的位置信息技术精确度更高且成本更低，同时也能够被运用在人们的日常生活中。位置信息商机就在我们面前，重要的是，企业要紧抓住这个机会发展业务。

上面提到，企业运用位置信息的方式可分为两个方面，一个是公司作为用户的运用，另外一个是公司作为提供者的运用（如图 3–20 所示）。但不论怎样运用，位置信息技术都可以为企业带来商业的发展以及诸多好处。

如果企业作为用户运用位置信息，那么企业的营销手段就会改变，比如它可以锁定位置、时间、目标等，采取非常细微的营销手段，通过分析行动记录、远距离监控或操作等，提高工作效率。这一定会成为重新审视整体商业模式的好时机。

另外，如果想要发展业务，企业应该提拔具有思考能力的人才，这也将给年轻员工带来发挥能力的空间。

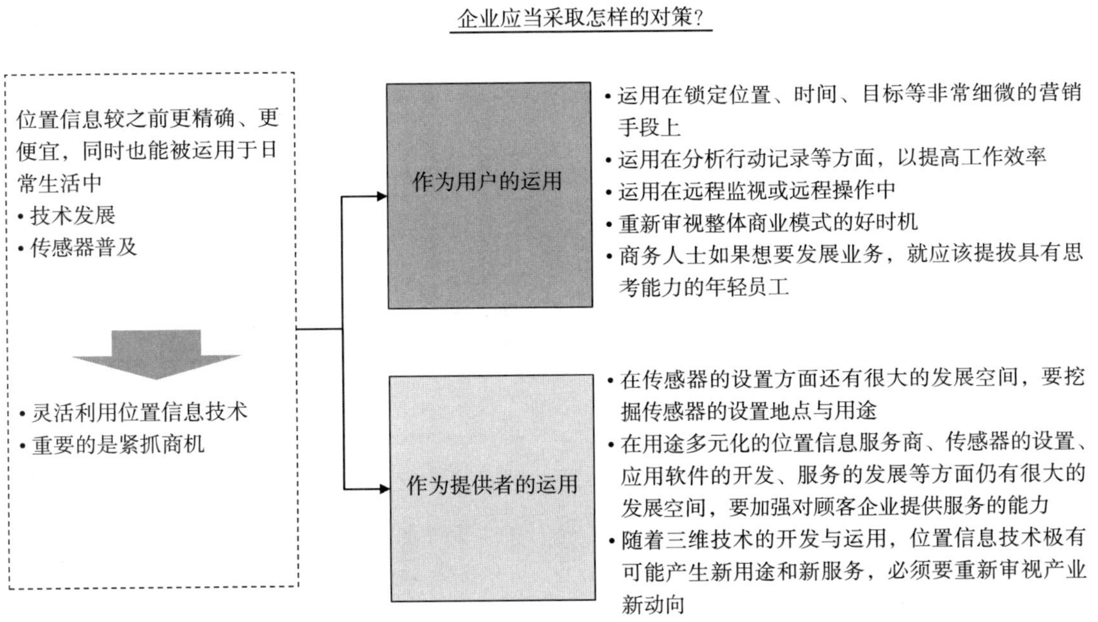

图 3–20　位置信息技术的发展与普及带来了无限的商机

另一方面，若是企业作为提供者运用位置信息技术，其在传感器设置、应用软件、服务的开发方面仍有很大的发展空间，可挖掘的商机近乎无限。另外，今后随着三维技术的开发，位置信息技术可能产生各种新用途和新服务，从而开拓出有发展前景且有吸引力的领域。

以年轻人为主，从小起步，全球性的发展不是梦

不论如何，企业如果想要在商业上运用位置信息技术，必须从小规模开始，不断重复假设，进行验证，使位置信息技术的运用步上轨道，以扩大发展规模为目标（如图 3–21 所示）。

第一阶段，提出创意。思维模式已固定的高层人士是不善于提出创意的，所以企业要横跨部门，不被职位阶层所束缚，尽可能提拔年轻人才，用少数人发起试验性工程。

在发挥创意时，员工如果不了解位置信息的技术发展动向，就会出现“技术做不到”的限制，因此了解技术最新的发展动向是非常重要的。除此以外，还要设定应该解决的问题的范围，筛选出想要解决的问题和想要满足的需求，同时指出位置信息技术可能解决的问题等。

第二阶段，建立原型。利用简单的技术或自己工作周边的素材，将创意具象化。然后进一步改善原型，提出更多的创意。必要时要灵活运用工程师或专家等外部人才。

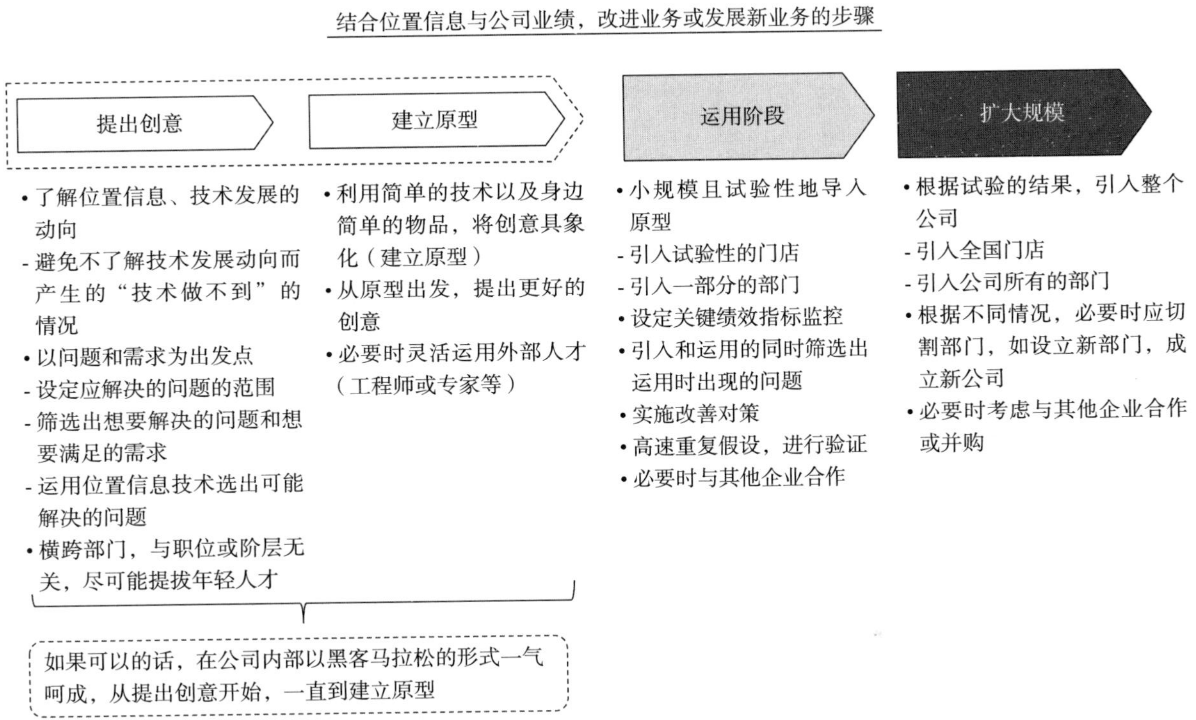

图 3-21　企业若想结合位置信息与公司业绩，以此改进业务或发展新业务，除了提拔年轻员工或引入外部人才以外，还要建立小规模的原型，重复假设，进行验证

在提出创意到建立原型的过程中，我建议企业采用创意与技术相互竞赛的黑客马拉松形式。一群人在24小时内集中研究思考，这是一个很有效的方法。

接下来是第三个阶段，即实际的运用阶段。

先要小规模且试验性地引进原型，比如引入一部分部门或一部分门店等，由此找出问题，提出改善对策。在运用过程中，企业应该高速重复假设，进行验证，设定关键绩效指标。

在充分试验之后就进入到第四阶段，即扩大规模。

从部分部门到整个公司，再到全国门店的引入。自家公司运用一段时间之后，也可以把原型作为创新业务提供给其他公司。自家公司充分运用的经验是很容易推销给其他公司的。根据不同的情况，必要时企业应该切割部门，比如设立新部门或成立新公司等，甚至与其他企业合作或并购，以此扩大规模。

运用位置信息的商业仍然有很大的发展空间。比如无人机虽然已经是大家热议的话题，但是无人机的运用还没发展到在日常生活中使用的阶段。我一再重复，位置信息的商机无限大，请务必不要错过这个机会。从今天开始，不论你在考虑什么样的商业，一定要从自身的工作、家庭等切身问题开始，提出创意。

第四章

从“物联网”谈企业生存

物联网将重写行业格局

万物联网

物联网即 IoT，是英文 Internet of Things 的缩写，如字面意思所示，物联网即物物相连的网络世界（如图 4–1 所示）。

似乎很多人都搞不清楚物联网是什么，但其实它并不是难以理解的。简要讲，物联网就是我们让各种各样的物品都与网络连接在一起，由此获取互联互通的信息。

比如在家中安装监控摄像头，我们便可以通过手机随时随地查看家中情况。这便是使摄像头这一物品采集的信息通过网络传送到手机上的服务。再比如，给空调安装传感器，我们可以通过手机远程操作控制房间的温度。

如上所述，将物品与网络连接而产生的各种可以灵活运用的技术就是所谓的物联网，而物联网现如今也被应用到各种商业活动中。

本书的读者可能都知道，2016 年国际知名的日本投资人孙正义率领他的软银集团开始发展物联网事业，并为此并购了英国半导体设计企业 ARM 控股公司。想必大家都对此事记忆犹新。

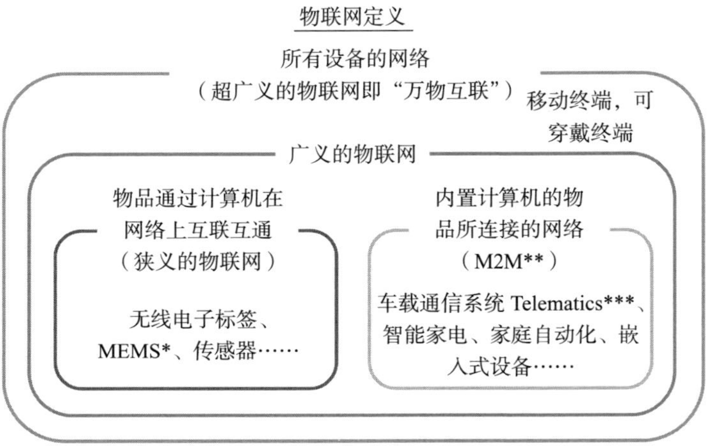

* 微机电系统

** 机器与机器的对话（数据算法模型）

*** 将无线通信系统内置在汽车等可移动设备上，实现为用户实时提供信息服务的技术

图 4–1　所谓物联网是指内置传感器的“物品”通过网络互相连接

但是，为什么物联网如此受人瞩目，又为什么没有太多的商业人士能够认识到物联网对我们事业的重要性呢？物联网的重要性在于，它将所有的物品通过网络连接起来，产生打破现有行业框架的新型商业模式以及新型企业。

物联网的发展，很有可能在一瞬之间重写现有的行业格局。

在这个竞争如此激烈的社会毫无作为的话，被淘汰是自然的，反之则会培养出很强的竞争力。

物理网概念不新，20 年前已存在

我是从 2000 年开始接触物联网的。

当时，我正在担任美国西部电信公司（US West）董事长索尔·特鲁希略（Sol Trujillo）成立的全美第一家新兴 M2M 公司的外部董事。

M2M 是指机器与机器之间通过网络进行一系列的信息交换、通信以及自动化操作。这其实已经是所谓的物联网了，但当时没有物联网这个词，因此我们将其称为 M2M。物联网这个词近些年来才被人们挂在嘴边，但其实在 20 年前，这一概念就已经出现并被运用在人们的现实生活当中了。

这家公司的第一笔生意来自可口可乐公司。

通常情况下，可乐是瓶装的，但是在业务流程中使用的可乐不是传统的瓶装的，而是可口可乐公司提供可乐的浓缩液，然后由零售商根据可口可乐公司的配方加入一定比例的碳酸和水制作出成品，进行销售。常有零售商通过提高水的比例来降低成本。然而消费者是可以识别出不同于正常配方的产品的，这就导致可口可乐公司的品牌竞争力下降，影响了公司信誉。因此，为了取缔这种不良的零售商，可口可乐公司委托我们调查可乐浓缩液与水的比例问题。

我们在快餐店的协助之下，进行了可乐浓缩液比例的检测，并且构建了一个能够采集统计这些数据的系统。现在大家都用手机流量上网，而当时没有这样的网络，因此我们为了采集统计这些收据，还必须铺设专用的网络线路。

此后，我们铺的网络线路还有了另外一种用途。在便利店等地方，店主为了让冷藏柜维持在一定的温度范围内，会通过测量外部温度来调整冷藏柜冷藏系统的输出功率。而这一功能的实现也是基于专用线路的铺设与布置的。

以上的这些应用都是很原始的，但原理都来自物联网的概念。

不同的是，现在是一个流量通信网络相当普及的社会，对于物联网的运用，我们应当更加轻车熟路。物联网这个概念对于人们来说可能是有些陌生，但其实物联网就是从客户的需求慢慢发展起来的。

出租车雨刷器联网带来的商机

日本庆应义塾大学的村井纯教授曾运用流量通信网络进行了最早的物联网实证，即名古屋出租车雨刷器 IP（网际互连协议）设置试验。

雨天时，出租车雨刷器一旦开始运转，这一信号就会通过网络传达到其他出租车，其他出租车司机从而间接获取“该地区已经下雨”的信息。

雨天时人们对出租车的需求较晴天时相对提高，因此得到这一信息的司机便会从其他地方赶来揽客。

但实际上，出租车如果过量聚集在下雨地区，将会产生供过于求的状况，这样做无法给出租车司机带来赢利。但从这一试验我们可以看出，对信息的采集统计与分析可以为我们带来商机。

物联网对现有企业的改变颇具成效

单独的技术可以创造新的商业，但物联网与其说是创造全新的商业，不如说是重新评估现有的企业，提高商业品质，转变商业实质。

将人们运营的业务转到物联网上，可以提高服务品质，使服务更加便利，更加安全。

比如美国“9 · 11”事件之后，世界各国都加强了安保工作，其中政府对机场的安保工作尤为重视。但是安保人员也无法一直紧绷着神经监视是否有危险人物出现。那么，这便是物联网大展身手的舞台了。

在巴黎、伦敦以及现在的东京街头都安装有监控摄像头，如果将物联网与大数据联合起来，安保人员就能够分析监控摄像头拍到的人像，从而查明有前科人员的行踪，这整个过程便是对物联网的运用。

从物联网到万物互联

2015 年思科公司的董事长约翰·钱伯斯（John Chambers）正式卸任，他数十年来一直致力于开发思科公司物联网技术。我很荣幸受邀参加了约翰·钱伯斯的卸任仪式，并且现场聆听了他在网络平台上进行的演讲。

在演讲最后，他提到了这么一句话：“我们正处于从今天的物联网走入万物互联（IoE）的时代。”所有的东西都将通过网络实现互联互通。

万物互联是物联网升级发展的产物，这扩大了物联网的定义。

“通过传感器、无线电子标签、微机电系统等机器对所采集的信息进行处理的系统”，这是原有的狭义定义的物联网，在此基础上，更进一步形成了机器与机器之间的通信，即 M2M，比如智能家电、智能家居、智慧城市，以及约翰·钱伯斯提到的所有东西，比如智能手机、智能手表等可穿戴终端等，这一切现在被人们叫作物联网，即万物互联的网络。

2020 年物联网市场规模将达到 3 万亿美元

全球的物联网市场，从 2014 年的 9 000 亿美元一直增长，预计2020年将达到3万亿美元（如图4–2所示）。其中一半是B2C，即一般消费者的市场；另一半则是企业市场，即B2B。就内容细致来看，其中不仅有在某单一产业中垂直地发挥企业功能的“产业纵向市场”的成长——这也是日本企业的主流发展形势，还有德国一直推崇的横跨多项产业的“产业横向市场”的成长。另外有人预测，2020年物联网相关的安装设备的数量将达到208亿个，这个数量比2014年38亿个的5倍还多，相当于世界人口的好几倍。

未来将会是一个万物互联的时代，不论人或物。

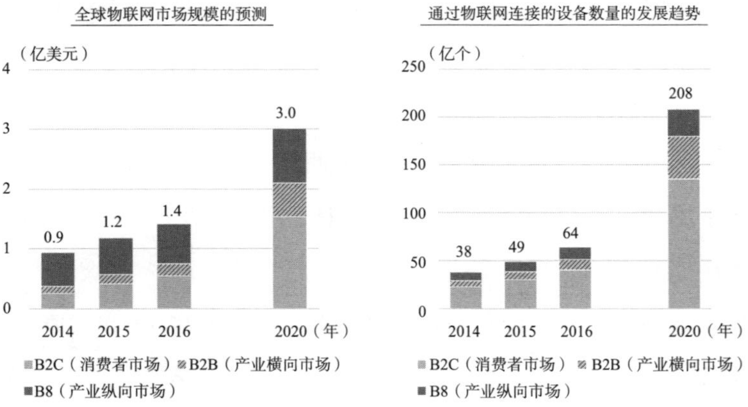

图4–2　预计2020年物联网全球市场规模将达到3万亿美元，与物联网连接的设备数量将达到208亿个

万物互联的世界将是什么样的？

以手机为切入口的万物联网

正如约翰·钱伯斯所说，我们将进入一个万物互联的世界，这是物联网定义的发展升级。

首先我们来看看什么是构成物联网的主要技术（如图 4–3 所示）。

构成物联网的其中一项是我之前已经提及的传感器等“物联网终端设备”。终端设备包含了家电以及可穿戴终端等。这些设备可以采集温度、湿度、光、加速度、力感、距离、图像等信息。

对采集的信息进行处理的场所叫作“物联网平台”。大数据的作用在于对存储的信息进行统计、分析以及找出具有意义的相关联数据。

找出具有意义的相关联数据，这是大数据的一个很重要的特征。

比如在交通堵塞的情况下，指示牌上会显示“前方几公里处有交通堵塞现象”，这对于司机来说是有价值的信息，因为这样他就可以估算到达目的地所需的时间。

在这里，我想到的是图像分析。

图像拍摄记录下“加了帆布盖的卡车和小型汽车通过了”

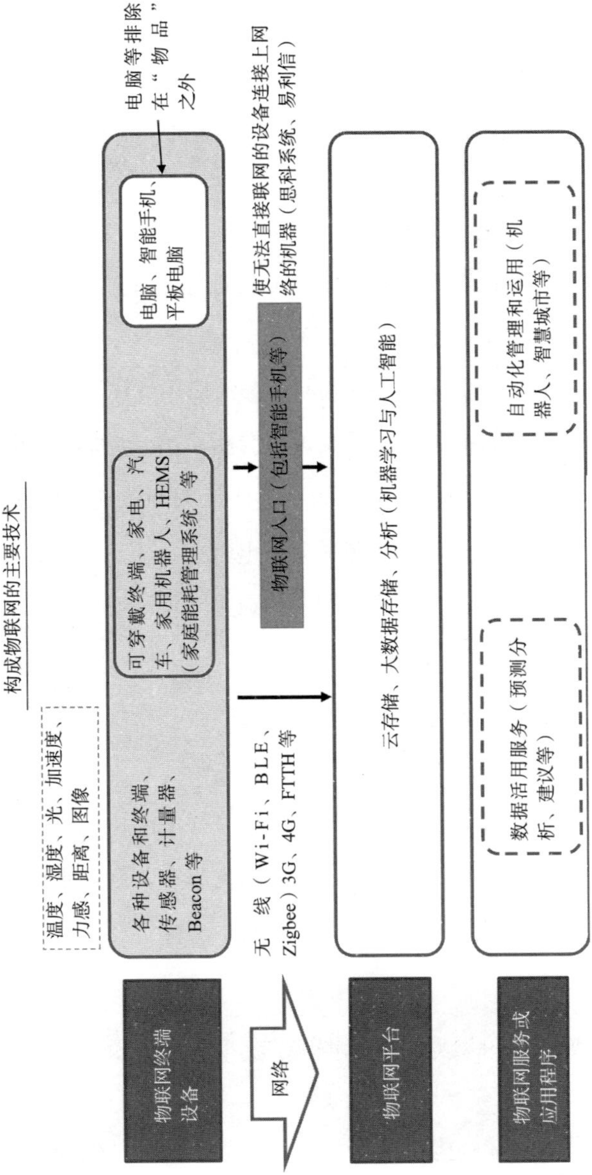

图4-3　在已存在的联网设备中，智能手机发挥着物联网入口的作用，无线通信技术的进步推动着物联网的普及

这一信息的同时，可以估算同一辆车需要多长时间才会经过下一个观测地点。也就是说，拍摄系统可以预测车辆通过某一个区域所需的时间。这项专利已到期，这一技术在 30 年前就已存在，它完全能够做到这样的地步。

通过图像分析搜查罪犯日常活动的区域，现在这是一项很重要的技术。另外，对于这些图像的分析处理是通过云计算实现的，而云计算现在也已标准化。

物联网的第三个要素是“物联网服务或应用程序”。

这是企业把前面搜集到的数据进行分析之后卖给客户的服务。现在，走在物联网技术前端的企业已经大幅改变了做法，这些企业卖服务而不卖产品。美国通用电气公司不只卖飞机引擎，也根据用户的使用情况自动提供更换引擎等保养管理服务。现在，越来越多的企业开始转移业务方向，卖服务，不卖产品。

本书中多次提到的以智能手机为核心的生态系统正在推动着物联网的普及。

现在全世界人人都随身携带智能手机，智能手机可以发挥中间连接的作用，使那些无法直接联网的物品与物联网平台对接。智能手机使物与物之间的连接变得更加容易。

流量通信网络的发展也意味着物联网的发展

物联网设备的基础构造可分为输入设备、物联网处理设备

物联网设备的基本架构

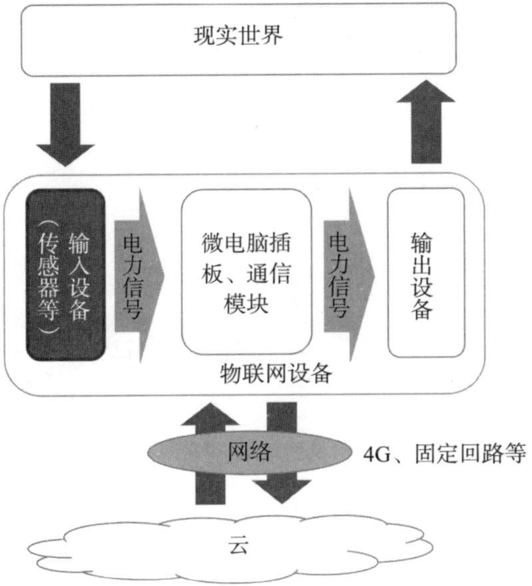

传感器的代表性种类及其主要用途

传感器种类	用途
温度、湿度	测量周围环境的温度或湿度并转换成电力信号。比如对室内环境的测量（家中、工厂内等）
光	检测光线变化并转换成电力信号。比如防盗用照明、自控百叶窗
加速度	测量加速度并转换成电力信号。比如智能手机、健身追踪器
力感	测量力学量并转换成电力信号。比如高龄者离床检测传感器
距离	测量传感器和障碍物之间的距离，转换成电力信号。照射红外线或超声波，根据反射功能来测量。比如汽车
图像	与距离传感器组合，能够测量物体 3D 形状的高级传感器。比如人脸识别、智能手机

在传感器领域，日本厂家实力强大，其产品的出路却是在零件专卖店

图 4–4　物联网中输入设备传感器的各种用途

和输出设备（如图 4–4 所示）。通过流量通信网络，这些设备才得以连接通信，而这正是现在物联网的标准架构。

其中最重要的技术就是流量通信。手机以及智能手机使用的流量通信网络现已遍布全球。

上文提到了与可口可乐公司的生意，当时我们为了传送信息不得不铺设专门的线路。现在不大相同了，人们只需通过流量通信网络便可将信息传给对方。而且现在通信网络的构造比过去的铺设线路要简单，不管传送从哪里到哪里的信息，你都没有必要特意铺设通信线路。

另外，在对信息安全要求较高的情况下，金融科技领域有一项叫作“数据区块链”的技术可以发挥作用，而且也无须铺设专门强化安全的线路。

物联网的基本架构非常简单。物联网不是通过人与人之间的对话，而是通过物与物之间的连接实现的。比如，在人类肉眼无法看到的地方，或者在比较难观测的时间段内，你通过网络的连接就能够获取信息，进行确认。在提高安全性，管理使用情况，以及在市场营销和安保等方面，物联网也发挥着作用。

传感器是构成物联网的主要基础技术之一

传感器是构成物联网的主要基础技术之一。

传感器能够感知温度、湿度、光、加速度、力感、距离以及图像等。

比如，当建筑物中发生一氧化碳泄漏时，传感器如果能够自动检测到一氧化碳浓度过高并发出警报，就可以避免事故的发生。再比如，在汽车内安装一氧化碳传感器，当车内一氧化碳浓度过高的时候，父母的智能手机就会收到警报，这样就会避免父母在做其他事时，车内婴儿丧命的悲剧发生。

在山上安装传感器，只要一下雨，传感器就可以自动检测并及时通知在半山腰搭帐篷的人，让他们尽快撤离。传感器替代了人类，人类就没必要再时刻监视当下发生的事情。

另外有一种传感器叫作加速度传感器，它与我们的日常生活密切相关，智能手机、平板电脑以及汽车中都有这类传感器的存在。

还有一种力感传感器。所谓力感传感器也叫作压力传感器，比如高龄者离床检测传感器。

在公交车座位下安装力感传感器，人们就可以通过传感器了解公交车内的空座情况。公交车因交通事故、道路维修等情况容易发生延误、堵车，在公交车站等候的乘客都想乘坐这趟好不容易来了的公交车，但车内会特别拥挤。这时根据 GPS，乘客可以知道 3 分钟之后将会来一辆空座很多的公交车，那么有一部分乘客就会选择等待即将到站的公交车。对公交车公司来说，这样也能够改善其服务品质。

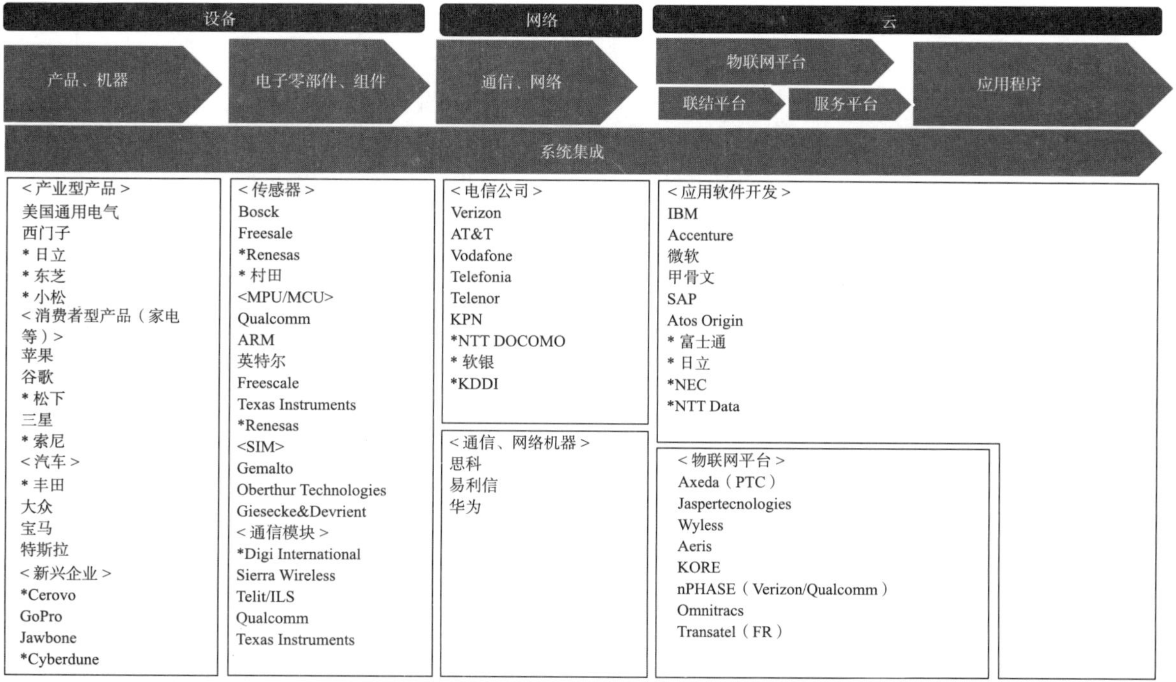

* 标星的为日本企业

图 4–5　物联网相关的主要公司的构成

如图 4–5 所示，物联网相关的主要公司按照领域类别可分为产业型、消费者型与汽车领域等。德国的新兴企业正在崛起，并且大幅扩大其在物联网市场的占有率。

在物联网的整体系统上，日本起步较晚。但如果仔细分析，你可以发现有很多企业在产品与机器、电子零部件与组件领域处于强有力的地位。比如，日本在传感器领域相当有优势（如图 4–5 左所示）。

另一方面，日本企业在提供“云”“应用程序”等服务领域，需要分析处理庞大数据时处于弱势，美国企业则相当活跃。比如，在通过分析飞机引擎的使用情况来提供更有效率的飞行建议上，日本企业就体现出了弱点。再比如，德国的大型 ERP（企业资源计划）、企业 SAP（德国企业管理软件解决方案提供商）正在这个领域大力发展。

消费者型产品已辐射保险及健康管理领域

物联网提供的服务范围辐射很广，可以分为消费者型和产业型（如图 4–6 所示）。

在消费者型用途上，它还可以分为健康管理与保险两块。

比如，健康管理上的运用——Fitbit 运动健康手环。这种手环可以记录用户每一天的步数、运动量以及饮食等信息，再将这些记录信息传送到智能手机上，这样用户就可以知道自己的运动量是否足够以及营养是否均衡等信息，这种手环还可以给出相应的建议。

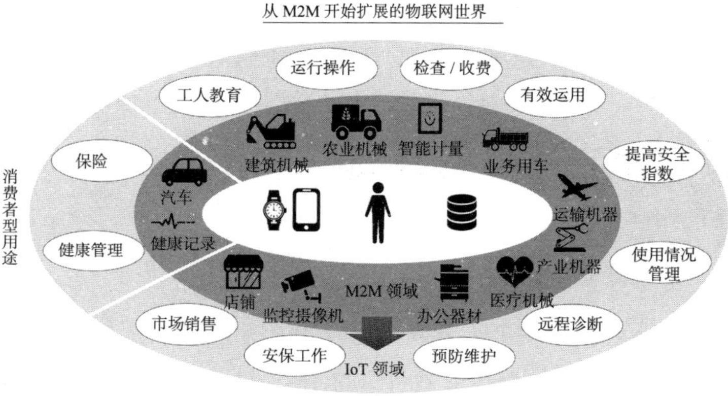

图 4–6　物联网被广泛应用于产业及社会的很多领域

还有保险上的运用，用户在汽车内安装酒精检测传感器，不仅可以证明司机没有喝酒，同时在投保时保险公司也可以给不喝酒的司机提供低价车险。过去美国等国的保险公司曾研究过针对不同风险设定不同保费的做法。现在，物联网技术将使之成为可能，并且迅速发展。

过去，司机的保险费是由平均事故率决定的，因此严格遵守规章制度、正确驾驶的人也必须承担故意制造事故的人的保费。如果可以确定发生事故可能性较高的人群，那么即可实现根据不同风险设定保费。这么一来，严守法规的司机的保费将减少，保险公司的风险也将降低。这就是我们将要进入的时代。

将物联网技术应用在保险上，可以说是真诚对待顾客的一种服务方式。

在产业应用方面，为教育和提高效率做出贡献

运用物联网技术，工人可以学习正确的操作方法，公司也可以通过物联网判断工人是否按照正确的方法来操作。

这一点在交通机关的运行操作上也相当有成效。比如，有些地区最近虽没有检测水管、电气、煤气等的人员，但通过遥测仪仍然可以传送数据，从而实现自动收集使用量等数据。

物联网在医生远程诊断方面的应用也是很有效的。比如，充分运用美军前线战争区内野战医院积累下来的治疗技术。根据从野战医院传来的诊断信息，美军会立刻自动反馈数据库中的手术方案或处理方法。

办公打印机或传真机的墨盒或纸张用完且没有备用品的时候是很麻烦的，而且如果打印机发生故障，我们的业务也会受到很大的影响甚至不得不中断。物联网技术的运用可以解决这一困境。该技术可以将墨盒等耗材或部件损耗等信息提供给客户，从而做到机器的预防维修。

如上文所述，安保是物联网应用最活跃的商业领域，此外，物联网在市场营销领域的应用也相当有发展前景。因此，物联网技术将被广泛应用到各个领域。

德国的“工业 4.0”与美国通用电气公司的“工业网络”

美德将物联网技术引进制造业

物联网技术在制造业上的代表性应用是德国的“工业 4.0”与美国通用电气公司的“工业网络”(如图 4–7 所示)。

德国的工业 4.0 以所谓的第四次工业革命为目标。阿尔文·托夫勒曾预言世界将出现“第三次革命浪潮”，即信息化社会的实现，而第四次工业革命则是继这之后的再一次革命。

工业 4.0 的目的在于，通过构建一个先进的生产系统，来实现生产过程的垂直统一以及产品生命周期与价值连锁的水平统一，从而提高制造业的生产效率。德国人致力于通过物联网技术提高本国制造业的生产效率，增加出口量，使得德国高超的生产技术可以席卷全球工厂。

美国通用电气公司的工业网络指的是公司运用物联网技术，实现产业机器的高度化远程监视与预防维修，以及操作的最优化等，从而在售后服务上创造新的附加值。

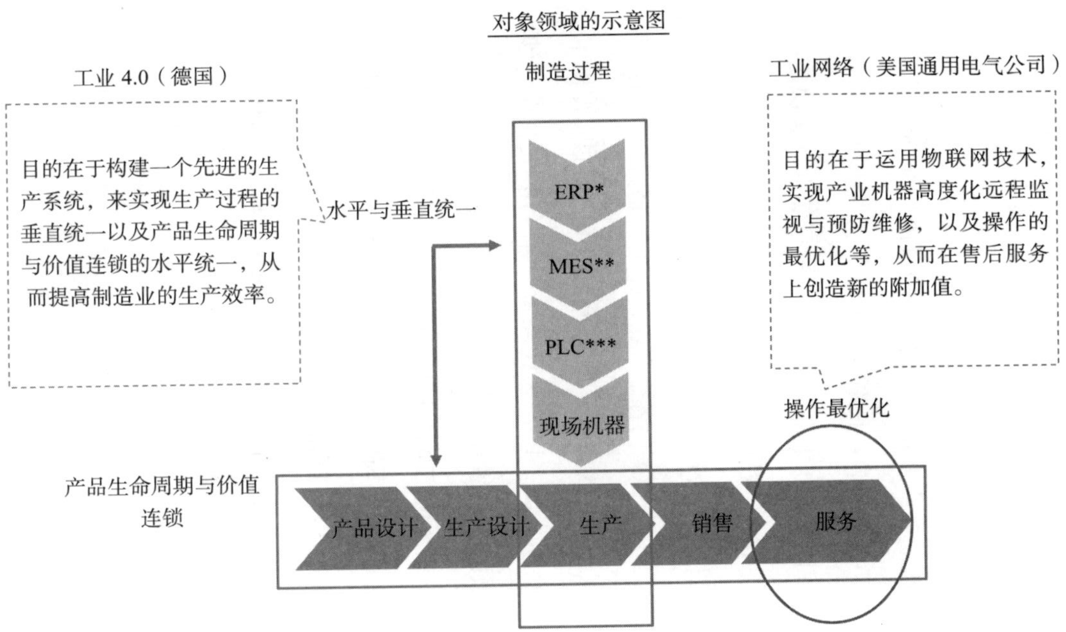

* 企业资源计划
** 制造执行系统
*** 控制系统

图 4–7　物联网技术在制造业上的代表性应用是德国的“工业 4.0”与美国通用电气公司的“工业网络”

从宝马到SAP，德国代表性企业都投身于“工业4.0”

德国的制造业相当发达，大约占全国GDP的25%、出口额的60%。为了提高制造业日渐低下的竞争力，解决国外工厂的维修问题，德国机械工业联盟以及电气电子工业联盟决定共同携手推进工业4.0的发展（如图4–8所示）。

德国罗兰贝格咨询公司（Roland Berger）是行业内的领头羊，它的数千名员工支援着德国的各个企业，推进工业4.0的发展。

参与德国工业4.0的企业有西门子、ABB、博世、德国电信、宝马、戴姆勒集团，以及SAP等相当有名的大企业。涉及各个产业领域的企业都参与其中，这是一个整体的现象。德国整体的产业，或者说是举国上下都在进行着工业4.0计划。

德国国内企业相互合作，可以实现企业整体以及工厂生产的最优化，以低成本进行多品种少量生产。

除了制造现场机器以及控制关系的ABB、库卡、通快公司以外，在德国还陆陆续续出现了很多新兴企业。

实现工厂自动化的智能工厂

西门子公司正在推进发展“智能工厂”的建设（如图4–9

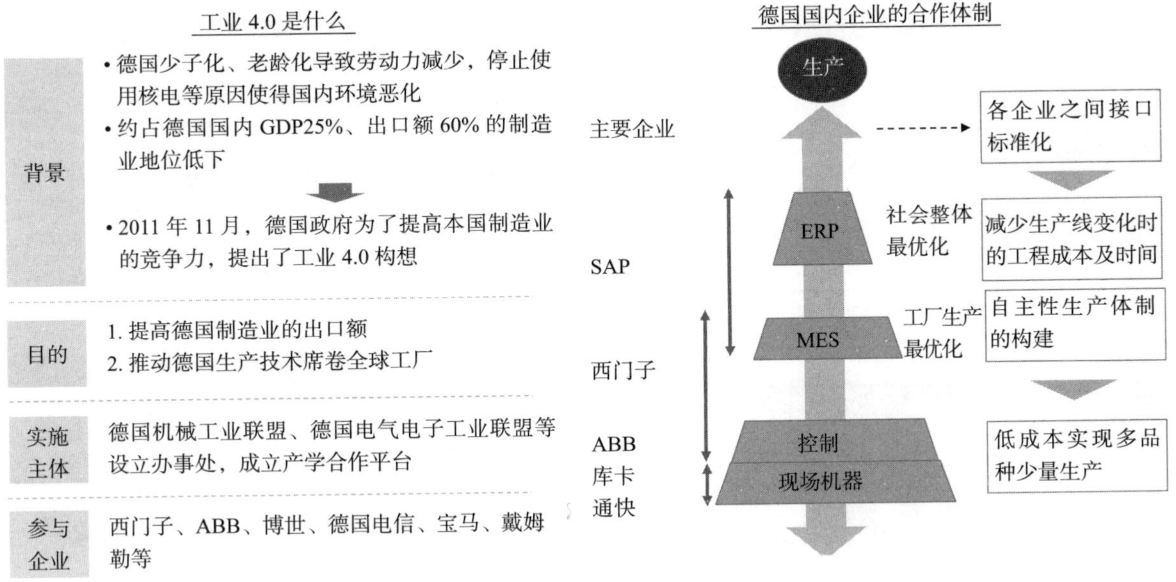

图 4–8　德国所推进的“工业 4.0”旨在通过物联网技术提高制造业的效率，促进国内制造业的出口量，使得德国高超的生产技术可以席卷全球工厂

智能工厂的示意图

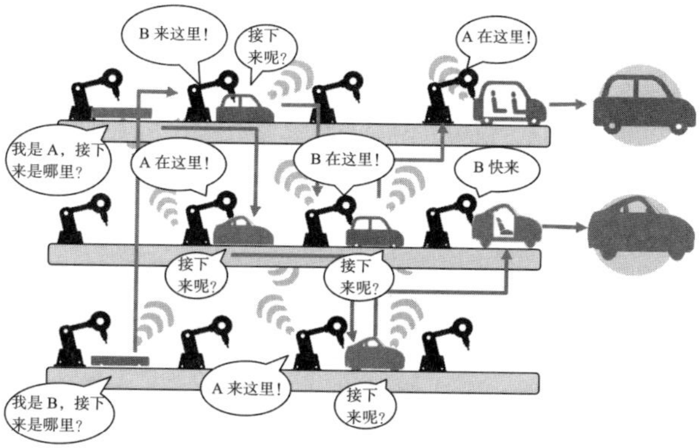

* 传统的生产模式是在固定的生产程序中完成生产，而现在的生产模式则是根据生产需求自由组合工厂进行生产

智能工厂是什么？
为制造机器以及部件都安装上传感器，将搜集到的数据与网络连接，工厂由此可以进行自动化运作，定制化生产（个别大量生产），实现多样化的制造方法。

西门子收购的软件公司

年份	企业名	国籍	种类
2001 年	ORSI	德国	制造软件
2007 年	UGS	美国	PLM（制造工程）
2008 年	innotec	德国	品牌综合管理
2009 年	ELAN	法国	生命科学软件
2011 年	VISTAGY	美国	素材软件
	ACTIVE	巴西	生物药物制造
2012 年	IBS	德国	品质生产管理
	Perfect Costing	德国	生产成本管理
	LMS	比利时	模拟软件
	Kineo	法国	计算机软件
	RuggedCom	加拿大	互联网
2013 年	TESIS	德国	PLM 综合软件
	Preactor	英国	生产计划软件

■ 实体软件企业（生产技术、制造相关）
□ 虚拟软件企业（生产计划、产品相关）

图 4–9 德国西门子公司正在推进建设智能工厂，为此公司收购了相关的软件公司以获取必要的软件知识及技术

所示）。

智能工厂的运作模式是在制造机器以及部件上安装传感器，将搜集到的数据连接网络。工厂可自动化运作，也可以定制化生产（个别大量生产），从而实现多样化的制造方法。

而传统的工厂在制造不同产品时需要变换工序，特别是如果制造过程中有冲压这一道工序，变换程序就会特别麻烦耗时。智能工厂则大不相同，智能工厂可以通过大量的传感器监视产品的生产过程是否正常，并且随时进行相应的调整，可实现灵活高效率的工作。

传感器是智能工厂中非常重要的一个构成要素，我在下文即将提到发那科（FANUC）公司，该公司的机器人也是通过传感器进行控制和操作的。

西门子为了建立智能工厂，收购了很多相应的软件公司。通过收购公司可以引进不同于传统的运作方式。日本企业所有的功能操作等都是自行研究的，因而革新发展步伐相当缓慢，西门子则在这数十年间通过软件部门并购了很多家公司，从而可以迅速发展业务。

应用物联网从销售向服务转变

美国通用电气公司的金融部门 GE Capital 曾经在整个公司占据相当大的比重，但是公司内部开始反省金融领域的过大比重，并回到了托马斯·爱迪生创业的初衷——制造业。但是现在制造业已经没有最初那么强的竞争力了，因此通用电气公司提出工业网络的观点，意在大力发展服务竞争，而非硬件竞争（如图 4–10 所示）。

上文提到，所谓工业网络是指公司应用物联网在售后服务领域创造出新的附加值。

公司在导入系统等之后，所需的维护管理费用叫作总拥有成本（TCO）。宝马公司在这方面做得很好，他们的销售手段是，汽车本身价格高昂，但是未来以旧换新的时候也能换个好价格，总拥有成本并不高。宝马不仅具有品牌竞争力，而且将来以旧换新的时候还能换个好价格，这么一来消费者为何不选择宝马？

通用电气同样也运用总拥有成本概念来销售飞行器引擎。公司根据引擎的使用情况进行收费。在飞行器上安装传感器，从而观测引擎的使用情况，这可以说是一项物联网领域的服务。

从飞机引擎的价值连锁上来看，仅仅销售引擎，就已经是一笔几万亿日元的生意了，但是如果全包预防维修、后期维护以及飞机的飞行计划等服务，那么公司的业务范围将扩展开来（如图 4–11 所示）。公司针对飞行计划提出建议的理由在于，通过改变飞行方法可以提高引擎的使用效率。

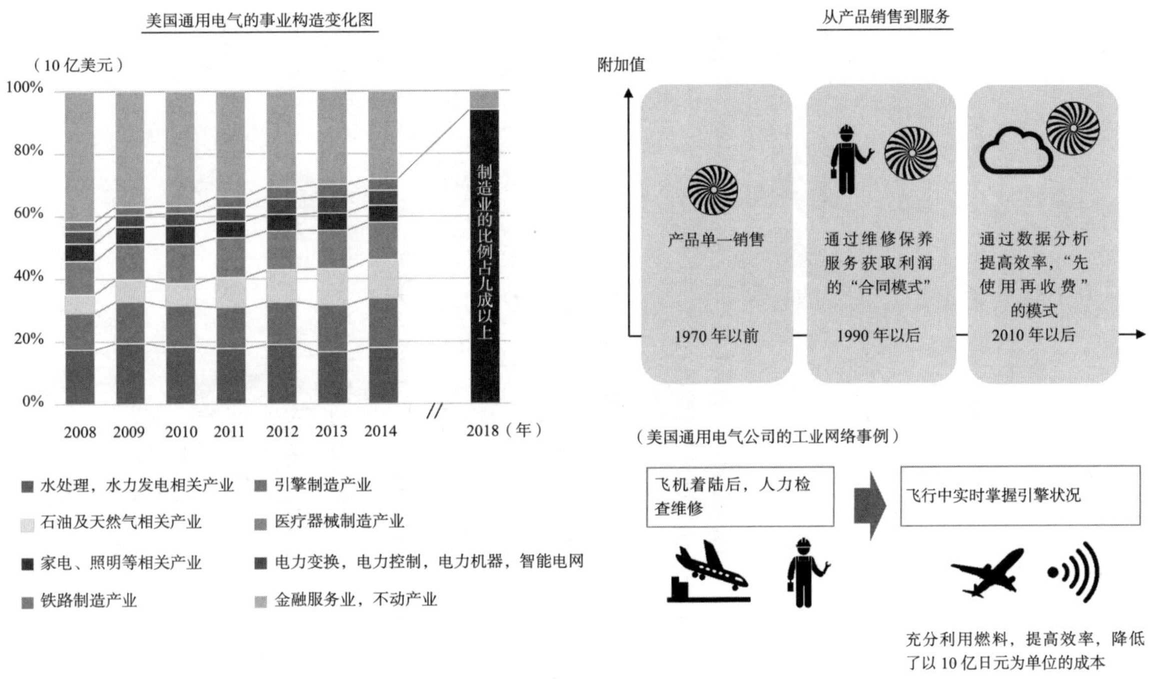

图 4-10　美国通用电气提出“工业网络”构想，正在实现从产品销售到服务销售的商业模式变革

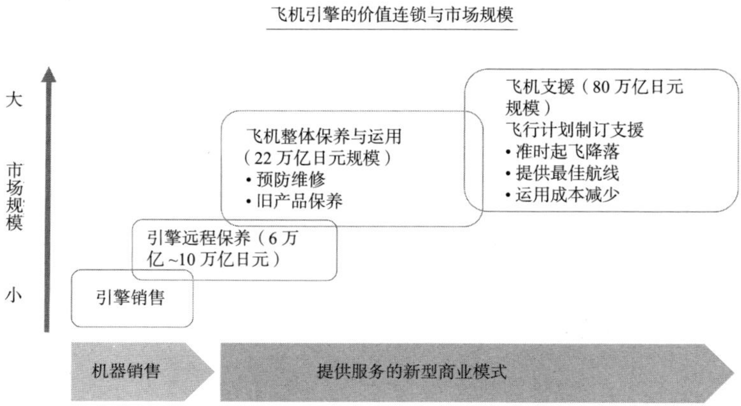

图 4–11　通用电气公司在渐渐改变其商业模式，从传统的引擎销售与保养服务转变为通过对飞行数据的积累与分析，提供飞机支援服务

引擎是飞机中最贵的部件，如果想要效率最高地发挥引擎的性能，理想的飞行时间应该是 1 天 18 个小时。那么最佳的飞行计划就是单程飞行 9 个小时，降落之后，经过 2 个小时检查维修，再紧接着 9 个小时的返程飞行。而日本与澳大利亚之间的往返飞行就是一种效率最高的运用。

如果往返飞行时间加起来是 7 个小时或者 10 个小时，这都没有充分发挥引擎的性能，但如果 1 天飞行 24 个小时，那就是过度使用了。所以如果航空公司没有合理安排航线，就无法高效地运用引擎。

因此，美国通用电气在确认航空公司的所有航线后，提出建议：尽可能安排飞行 12 个小时的航线，最理想的是 18 个小时，这对贵公司来说才能达到利益最大化。与此同时，公司还发展了新业务。

从飞行管理到航线计划，美国通用电气公司通过提出相应的建议拓宽其业务领域，同时也为客户降低了成本——“全部都委托给我们公司的话，您可以降低几十亿日元，甚至几百亿日元的成本”。

物联网改变工作与生活的 7 个事例

代表日本和世界的企业纷纷加入物联网事业

物联网可提高工作效率、降低成本，并且创造出新型商业，接下来我将举几个主要的事例，其中也包括日本企业的事例。

这些企业与美国通用电气公司都具备一个共同点，即不提倡销售产品这一传统的商业模式，而是提倡通过物联网，运用采集到的数据信息，建立销售服务的商业模式。

日本小松公司：从车辆管理到无人工程

日本小松公司利用装有 GPS 的建筑机械提供主要的维护管理服务（如图 4–12 所示）。

小松公司的“KOMTRAX”车辆管理服务系统配备了 GPS 定位系统和通信系统，它通过 GPS 通信系统将车辆采集的信息和 GPS 获取的车辆位置信息传送到数据服务器。

网络将服务器积累下来的数据提供给用户或小松销售代理店，从而开展汽车的维护管理、车辆管理、运作管理、车辆位置确认等管理业务。通过这个系统，我们可以了解现在车辆处在什么样的状况，汽油什么时候用完，零部件消耗情况，还有汽车的寿命等信息。

“KOMTRAX”车辆管理系统的结构

- 车辆管理服务系统里配备了 GPS 定位系统及通信系统，车辆得到的数据信息以及由 GPS 获取的位置信息，通过通信系统进行传送
- 运用 KOMTRAX 进行车辆管理
- 开展维护管理、车辆管理、运作管理、车辆位置确认等，协助用户的车辆管理业务

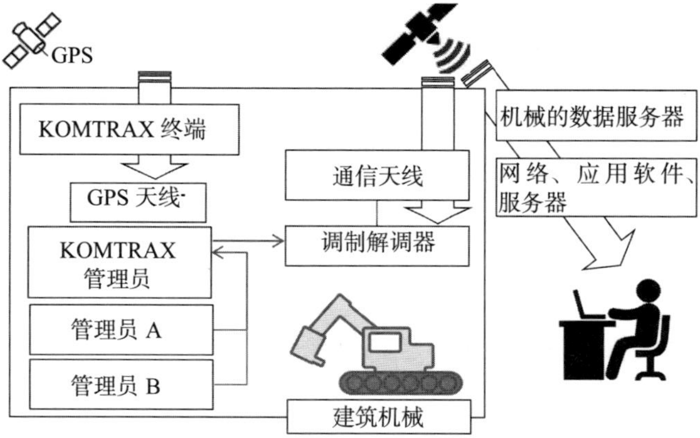

智能工程“KomConnect”的结构

- 利用无人机航拍，利用 3D 激光扫描仪进行测量，从而制作出现场的三维模型
- 完成面的三维模型化
- 施工方案模拟
- 调查分析土质与地下埋设物
- 利用搭载 ICT（信息通信技术）的建筑机械，进行工程实施和进度可视化
- 施工后的数据运用

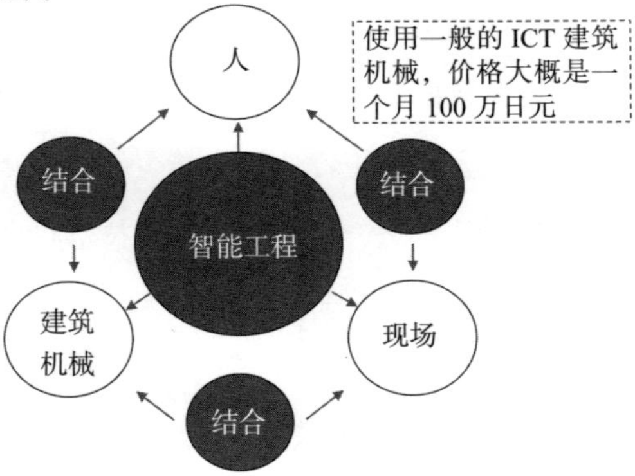

图 4–12　小松建立了一个叫作“KOMTRAX”的系统，利用位置信息进行车辆管理，除此之外它还扩展了公司服务。“KomConnect”则是一个智能工程服务系统

在中国也有以下这些应用。如果客户没有支付建筑机械的贷款，机械就无法运作；而在汽车方面，如果用户的车辆被盗，用户可以远程操作，让引擎停止运转，而且 GPS 可以获取车辆的位置。

小松运用 KOMTRAX 系统与世界建筑机械制造业的领头羊美国开拓重工公司（Caterpillar）竞争，同时也与中国的公司交手且不分胜负，可以说小松是走在应用物联网技术的前列了。

就在最近，小松还推出了一项叫作“KomConnect”的智能工程服务系统。该系统可以协助土木建设现场的施工作业，利用无人机和 3D 激光扫描仪来制作现场与完成面的三维模型，此外它还可以调查分析土质与地下埋设物，制订施工计划，利用搭载 ICT 的建筑机械按照模拟图进行施工。用户可以输入挖掘距离与埋设物的数据等，实现无人工程。

这么一来建筑公司的工程费用会减少，我预测，未来公共工程都将引入这样的做法，因此今后这一技术将全面运用在建筑机械上。

日本久保田农业机械公司——运用农业自动化提高效率，应对老龄化

久保田公司推出了一项叫作“KSAS”的协助农业经营的服务系统（如图 4–13 所示），这也是一个无人化系统。目前，日本的农村劳动力平均年龄超过 65 岁，且这种老龄化状况还在持续，因此日本正在积极研究农业无人化服务系统，农业自动化指日可待。

日本正在大力推广提高农业生产效率的方法，比如计算出播种、除草和施肥的最佳时期，为收获优良品质的大米提前设定 6% 的蛋白质含量，并提高糙米的利润和产额。

久保田使代理农业成为可能，虽然这么说有点极端，但这

是久保田的企业目标。

农业机械本身装有相关系统，如果建立如下图所示的系统，那么同一个地区的数十家农户都可以使用。这套系统的使用将使日本不必像澳大利亚一般集中农地、形成大型的农地单位，同时可以增加作物产额，提高生产效率，降低成本。

KSAS 示意图

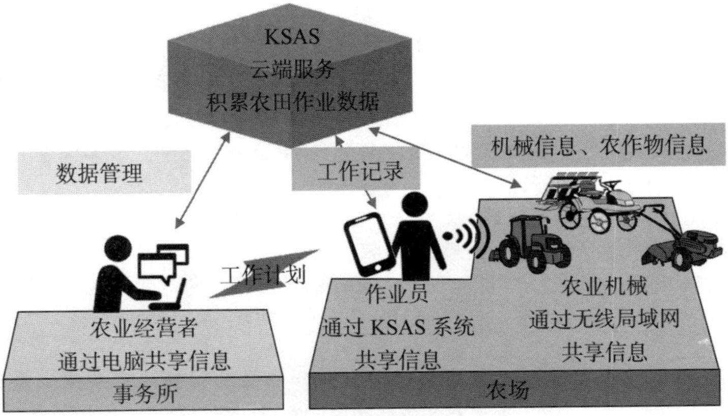

- 拖拉机、联合收割机等农业机械搭载传感器，通过无线局域网和手机电话通信网将收据搜集到云端
- 管理肥料使用量或水稻产额的记录
- 农民通过分析农业机械的运作情况、产额以及农作物的成分含量比率，进行经营活动
- 每个月费用：基本方案 3 500 日元
  规范方案 7 900 日元

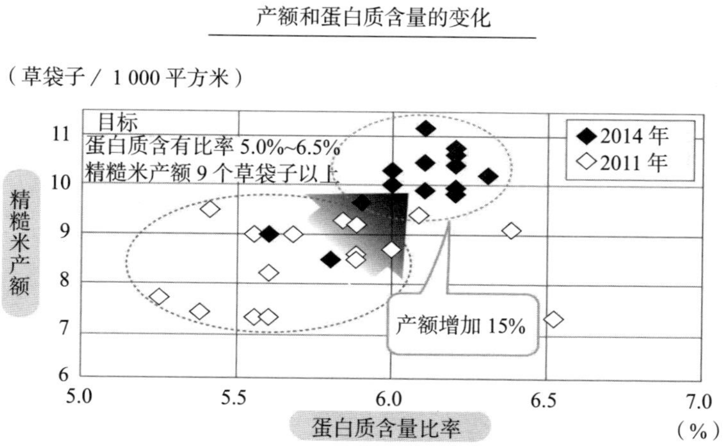

- “优质大米”的参考标准是，蛋白质含量比率为 5.0%~6.5%，产额为每 1 000 平方米 9 个草袋子以上
- 土壤中氮成分含量越多，大米的产额越高，同时蛋白质含量也会增加，但是含量太高的话就会导致大米过硬，没有黏性，不好吃
- 利用播种和收获时的数据，分析大米的蛋白质成分，通过 PDCA 循环（戴明环，计划–执行–检查–处理）调整最合适的肥料量，从而达到目标

图 4–13 农业机械制造商久保田推出一项协助农业经营的服务系统“KSAS”，对装有传感器和通信系统的插秧机进行作业记录

久保田无人化系统的研究成果还未公布于世，对农户也是处在保密阶段。如果向农户推荐这套系统的话，大概会有很多反对的声音——“我已经没有用了吗？”但是，该项研究仍然在开发中。

日本洋马公司也正在进行着相同的研究。在大家都在讨论农村老龄化问题的时候，洋马已经开始利用物联网技术进行开发研究，希望克服老龄化问题，并提高日本农业的生产效率。

法国米其林轮胎公司——自动判断轮胎更换时间

法国米其林公司曾经发明子午线轮胎，现在正开发一套面向运输公司的自动化服务系统，叫作“轮胎服务”（Tire as Service）。这个系统的原理是，在拖拉机和公交车的发动机以及轮胎内侧安装传感器以后，用户可以通过燃料消耗、轮胎气压、气温、速度、位置和路感等信息了解轮胎的损耗情况（如图 4–14 所示）。

图 4–14　法国米其林公司向各运输公司提供了一套自动化服务系统，叫作“轮胎服务”，并根据实际的里程数收取轮胎租金

美国特斯拉汽车公司——无须召回的汽车

特斯拉公司在现在的汽车行业中备受关注。

最近对于汽车制造商来说，一直悬而未决的问题就是召回自产汽车，因为召回往往会大大影响厂家的收益。

因此，特斯拉的经营策略是生产无须召回的汽车。

当特斯拉汽车出现故障的时候，公司可以通过远程操作将微程序语言（Firmware）下载到汽车上进行修复工作。所谓微程序语言是指，具备控制内部线路和装置等基本功能的程序。具体来讲，当这个程序发现错误并且需要进行修复时，公司即使没把汽车召回修理厂，也能在汽车行驶过程中进行系统修复操作。

在美国曾经发生过两次特斯拉汽车电池起火事故。经调查，特斯拉汽车在高速行驶时会启动降低车体功能，这样会将路面上的石子卷入车体，导致起火。

因此，特斯拉公司修改了相应的程序，取消了高速行驶时降低车体的功能。除此之外，公司只要在顾客上门的时候给车底涂上厚的保护层即可，无须特意召回车辆。

当然也存在必须召回修理的情况，但是为了减少召回费用，特斯拉推出了一项服务，即“通过远程控制进行维护保养”。

我亲眼见过特斯拉汽车，真是相当厉害。由于特斯拉是电动汽车，它比传统汽车多出了原本安放发动机的空间，这么一来前后都被设计成车厢，整个空间特别宽敞，令人惊讶。汽车的电池被安装在车辆底盘下，虽然我们能想象车辆的行驶需要马达的运作，但如果没有亲眼所见，我们很难对特斯拉汽车有一个整体的概念。

特斯拉电动汽车通常是一边接收信息一边行驶，如同一台行走的计算机。

美国前进保险公司——消除保费的不公平现象

美国汽车保险公司前进保险推出了一项保费优惠服务（如图 4–15 所示），即用车载 M2M 通信装备来取代对用户车辆驾驶状况的监视。该服务除了能够检测汽车的地点、速度、行驶

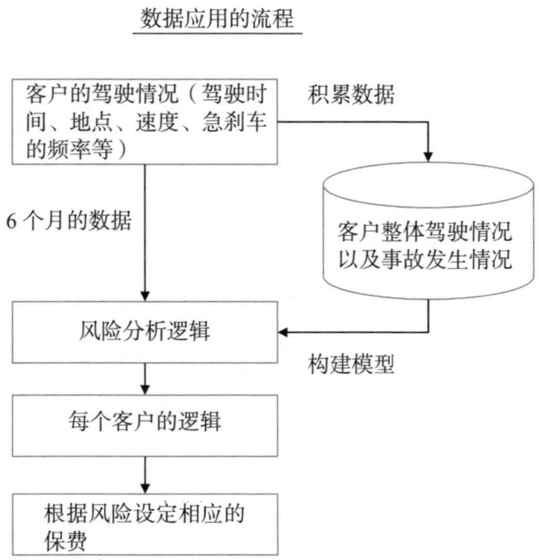

图 4–15　美国汽车保险公司前进保险推出了一项优惠服务，即用车载 M2M 通信装备取代对用户车辆驾驶状况的监视

时间、急刹车次数、突然加速的次数和在较差路况下的行驶状态等，还能监测司机。保险公司根据驾驶情况计算保费，如果驾驶情况有所改善，保费可相应减少。

前进保险公司在开展这项服务几年之后，业绩上升到同行业的第 3 位。这一成就得益于根据风险设定不同保费的服务，这也是根据绝对平均值定价的其他公司无法匹敌的。在运用物联网技术飞速发展的新兴公司中，前进保险公司的成就非常显著。

日本发那科公司——避免了 1 分钟 200 万日元的损失

生产产业用途机器人的尖端企业发那科，现在确定使用一套系统。该系统通过检查发动机等磨损程度，在发动机出现故障前更换（如图 4–16 所示）。理由是产业用途的机器人主要在工厂内作业。比如，汽车工厂如果停止作业 1 分钟的话，损失将高达 200 万日元。而齿轮损坏，更换修复的时候大概需要 1 个小时，那么也就是说，工厂将损失 1.2 万亿日元。为了避免这样的损失，工厂的预防维护工作是相当重要的。

德国正在努力构建一个通过使用发那科机械收集信息，从而使得工厂能够顺利运作的系统。

换言之，运用物联网技术的工厂已经渐渐在这个社会上发

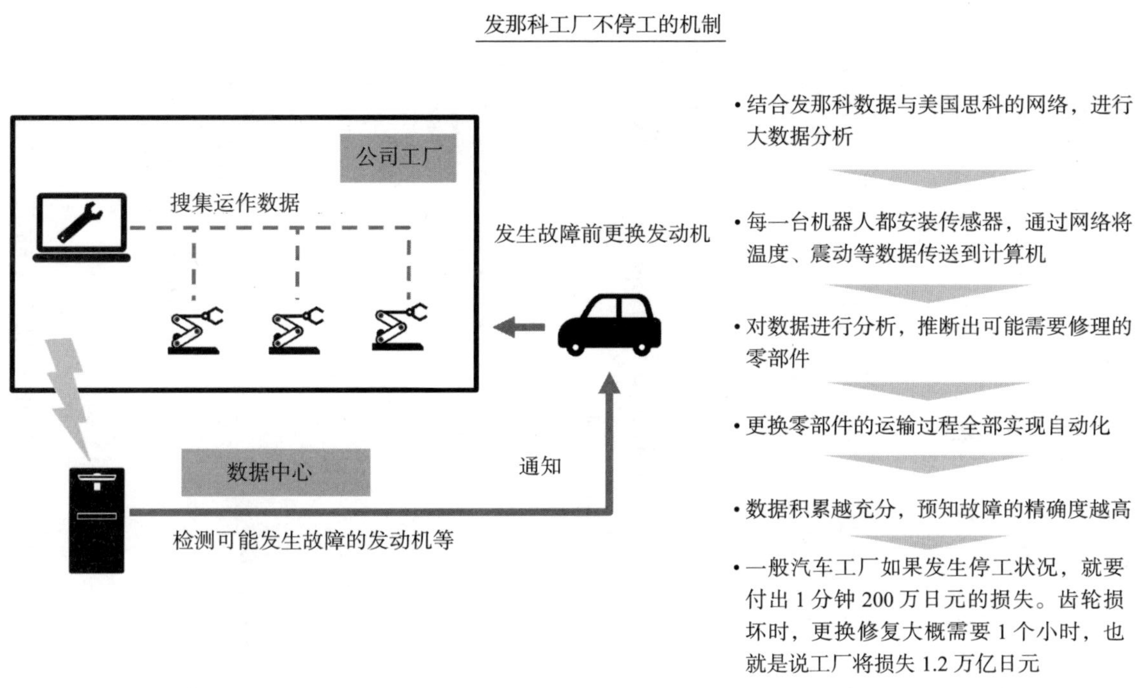

图 4–16 发那科通过搜集产业用途机器人的运作数据，提前发现一些异常变化，从而大幅度减少毫无预备下的设备停止情况，以此构建一个设备高效运作的工厂机制

展起来了。这个系统一经确立，不仅仅是一家工厂，全球的工厂信息都可以通过遥控设备搜集汇总，并且实现迅速对应。

为了海外工厂的维护工程，德国政府在全国上下招揽优秀人才，想要构建一个通过遥控操作的工厂维护系统。

JR 东日本——运用物联网技术，一年时间削减了几十亿日元的成本

JR 东日本公司其实已经运用物联网技术实现了列车的正常运行，但现在该公司想通过广泛运用物联网技术降低公司成本并推出新服务（如图 4–17 所示）。

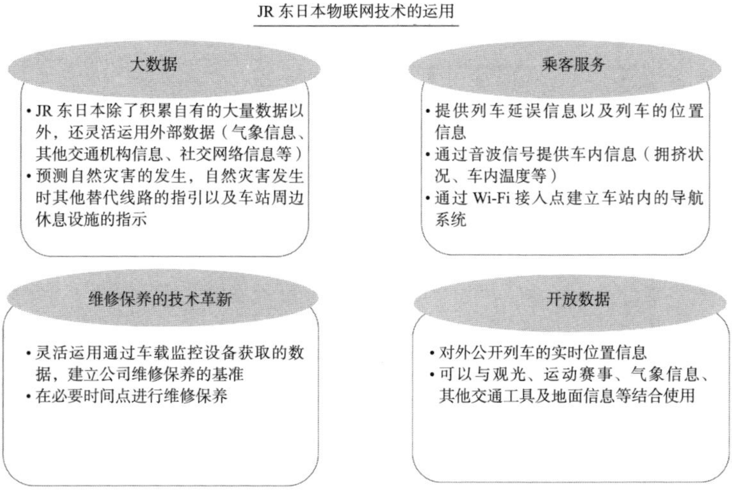

图 4–17 JR 东日本已经运用物联网技术实现了列车的正常运行，但现在想通过广泛运用物联网技术推出新的服务

JR 东日本最大的企业难题是电力管理。公司的三成用电量来自自家发电，不足的部分则从东京电力公司以低价签约购买，还是不足的情况下，再以高价向其他公司购买。因此，JR 东日本公司通过列车的运行情况等计算出每段时间内的用电量，并导入价格最便宜的组合，从而降低运营成本。该公司通过这样的管理体制在一年的时间内削减了几十亿日元的成本。

除此以外，JR 东日本还与各个网站合作，乘客信息、气候变化以及自然灾害预测引起的线路变化等信息都会在这些网站上公开，这样乘客就可以用智能手机上的软件来查询列车的运行信息以及其他替代线路等信息。JR 东日本公司的这一做法也减少了为乘客提供服务的车站工作人员的数量。

社会、城市、基础设施都与网络互联的时代

提高社会城市基础设施的安全性以及效率

在社会城市基础设施方面，如果在能源、交通以及物流等领域推进物联网技术的运用，通过安装的传感器等搜集相关数据，进行分析，可以提高社会城市基础设施的安全性与运作效

率（如表 4–1 所示）。

表 4–1　物联网技术在社会基础设施上的运用事例

领域	运用业务	企业名	概要
设施	故障预测	富士通，Metawater	•结合检查时输入的数据、装置设备的传感器信息以及媒体信息，同时也结合气象信息，根据这些大量的信息查明故障
	设备管理	日本微软，竹中工务店	•通过云端建筑物控制以及构建监控系统，减轻建筑物的管理负担，同时提高使用者的舒适度，实现管理成本的最低化 •目标在于提高未来建筑物作用以及解决技能传承、人才紧缺等社会问题
能源	设备管理	SAP	•通过远程站点和数据中心实时分析发电设备的相关数据，进行发电量的模拟实验等 •在机器出现故障前发现异常现象，并且能够进行相应的处理工作，从而减少电力浪费，降低维修费用
	制造工程	National Instruments	•提供机器或软件，测量规定时间内的温度、变形、电压、电流、压力以及加速度等
运输物流	物流管理	日本 IBM，日本通运	•通过智能手机获取的位置信息、作业进度等，实现全国一万台卡车运作信息以及载货情况的可视化。除了现场业务的标准化、最优化，还通过对运行情况的分析减少二氧化碳的排出量
	故障预测	微软，伦敦地铁	•运用微软云服务，获取车辆的运行情况以及车站内的传感器信息，从而实时把握线路以及车站内的设备情况 •结合机器学习，推测出与过去发生机器故障类似的情况等

比如，富士通和 Metawater 公司可以结合检查时输入的数

据、装置设备的传感器信息以及媒体信息，同时也结合气象信息，根据这些大量的信息，检测并查明设施的故障。

除此以外，物联网技术还在能源领域的设备管理与制造工程方面，在运输物流领域的物流管理与故障预测等方面广泛发展业务。

加利福尼亚州成功大幅减少能源消耗

美国很多城市通过物联网技术来搜集城市数据，为市民实时提供社会服务，实现城市功能，建立智能城市，但是我觉得目前为止还没有什么好的例子（如表 4–2 所示）。

表 4–2　美国智能城市规划事例

<table>
<tr><th>区分</th><th>城市</th><th>工程概要</th><th>规模</th></tr>
<tr><td rowspan="4">大城市</td><td rowspan="2">纽约
（纽约州）</td><td>LinkNYC（连通纽约）：具备各种功能的信息终端</td><td>城市中心区（约 16 平方千米）</td></tr>
<tr><td>哈得孙园区再开发项目：构建以智能大楼为中心的智能城市</td><td>再开发地区（约 0.1 平方千米）</td></tr>
<tr><td>旧金山
（加利福尼亚州）</td><td>DataSF：城市数据透明化</td><td>整个城市</td></tr>
<tr><td>波士顿（马萨诸塞州）</td><td>智能停车，提供避开交通堵塞的信息</td><td>仅限试运行地区</td></tr>
</table>

（续表）

区分	城市	工程概要	规模
地方自治体	奥兰多的诺纳湖（佛罗里达州）	以智能健康管理为中心的城市规划	28 平方千米
	查塔努加（田纳西州）	Gig City：运用超高速宽带构建智能城市	整个城市

纽约、旧金山、波士顿和奥兰多的诺纳湖以及查塔努加等城市和地区已经开发了与物联网技术相关的产业，但是还没有整个城市全部进入智能化模式的事例。

说到城市功能与物联网技术相关联的事例，浮现在我脑海中的是加利福尼亚州的首府萨克拉门托。在萨克拉门托，有人提出核能发电，但由于反对的声音特别强劲，核能发电和建立核电厂的计划都被取消了。不用核能发电，人们就能致力于减少 30% 的能源消费。在当时，每个家庭的照明都改为日光灯（就现在而言，就是将白炽灯都改为发光二极管）。

萨克拉门托政府甚至使用直升机进行夜间街道拍摄，强制要求居民减少能源消费。比如，与邻居相比，你家如果释放出更多的热能，就必须更换窗户或者安装百叶窗，政府一家一家地搜索检查，从而能够不靠核能发电，仅通过现有电力就实现了减少能源消费的目标。

这个事例说明，如果能够做得彻底，那么整个城市完全可以实现电力消费减少 30% 这一目标。

家庭社交机器人

名称	功能
识别人类感情的人形机器人“Pepper”	搭载使用人工智能的人形机器人理解人类的情感，能够通过与人类接触进行自然的对话。
聊天机器人“OHaNAS”	通过自然语言对话平台能够实现闲聊畅谈，能够播放新闻以及菜单等。
家庭机器人“JIBO”	运用相机、声音识别功能识别家庭成员的脸与声音，从而进行对话。
保护幼儿园儿童的机器人“MEEBO”	通过人像识别的传感器识别幼儿园儿童，自动摄影录像，并将影像资料传送给为监护人设立的专门网站，幼儿园与监护人共享这些影像资讯。

搭载传感器设备的实例

名称	功能
预测粪便排泄的可穿戴设备“Dfree”	只要将设备贴在肚子上，类似“10分钟后会有粪便排泄物”的信息就会传送到智能手机上。
配合动作发光的鞋子“Orphe”	配合使用者的动作，灯光颜色和强度发生变化。通过软件可以改变灯光颜色。
智能跳绳	只要将身高体重输入专用软件，即可测量用户消耗的卡路里与身体质量指数（BMI 值），同时也能记录跳绳的次数。
智能手环“Moff Band”	通过加速度传感器与陀螺仪传感器感知动作，根据手上下摆动的动作模拟演奏乐器。

图 4–18 很多设备上都安装了趣味创意型的传感器，但是运用物联网技术是否能够提高企业收益仍然有待观察

必须看清是否能够成为商机

日本企业在传感器等精细零部件领域相当有优势（如图 4–18 所示）。

日本运用物联网技术已经发明了人形机器人“Pepper”和聊天机器人“OHaNAS”，最近还开发了一个能够预测粪便排泄的可穿戴设备“Dfree”。用户只要将设备贴在肚子上，通过手机即可获取相应的信息，比如“10分钟后会有粪便排泄物”等。

此外，物联网技术也催生了“智能跳绳”等很多产品。这些发明有助于传感器的研发，运用于工厂的传感器也将被开发出来。但是运用物联网技术是否能够提高企业收益还有待观察。这一点我希望大家能够谨记于心。

日本企业的生存战略

创造超过行业的价值

大家在考虑商机的时候，不能只是单一地看某一个设备终端，而是要以整体的视角去考量相关联的系统，这样才能创造出超过行业平均水平的价值（如图 4–19 所示）。

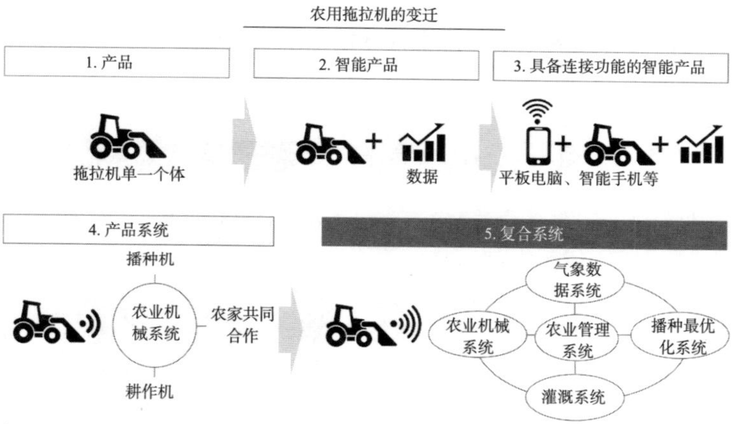

图 4–19 以整体的视角去考量相关联的系统，才能创造出超过行业平均水平的价值

比如，在农用拖拉机这一领域，如同久保田向全球推广的实践一样，通过物联网技术建立综合系统，管理整个农村，这样即便面临这社会老龄化的趋势，我们也同样可以持续发展农业。与以前相比，我们甚至可以提高农业生产效率，这得益于自动化系统以百分比的精确度去管理农作物的味道与蛋白质含量。而这正是美国通用电气等公司所设立的目标——“平台即服务”，即运用物联网技术提供服务的战略。

从产品到服务

平台即服务的战略在汽车行业也迅速发展（如图 4–20 所示）。现在汽车行业的销售模式不再是只卖出一台汽车，而是要为消费者提供乘坐、使用等一整个系列的服务。

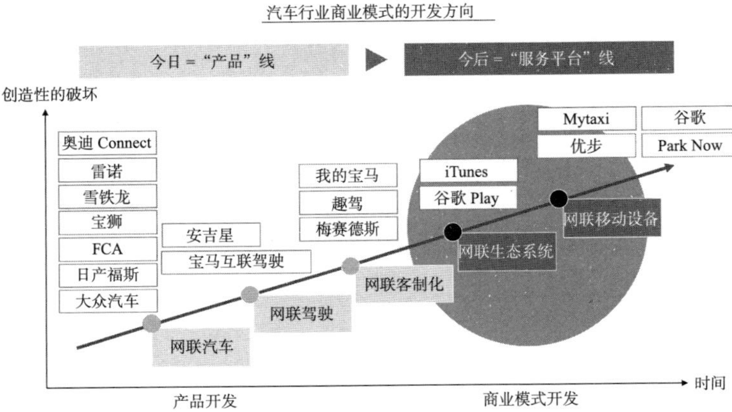

图 4–20　商品规划必须从产品到服务

比如，在日本街道上随处可见 SUV（运动型多用途汽车），但其实人们并不是非得要靠 SUV 这种越野车才能到达某些地方，我觉得日本人购买 SUV 真是一件不可思议的事情。在澳大利亚沙漠上驾驶的人，倒是有必要购买 SUV，而日本明明没有沙漠，却有这种消费，这对于汽车发动机来说，是一种资源浪费。

平台即服务系统则会为用户提出一些针对性的建议，比如，上班通勤时开这款车，假期带上家里老人共 7 个人一起出行时开另一款车。

总而言之，这种商业模式是双赢的，汽车制造商每次都可以从中获取一定的利润。用户则可以根据不同需求选择不同的车辆，找到最理想的用车方式。

同样，收费模式是根据使用情况进行收费的一种模式。从“销售单一产品”到“销售服务”，转变收益模式，建立灵活收费机制，这也得益于物联网技术。

重新评估公司自身的商业模式

在这个物联网技术盛行的大环境下，企业如果毫无作为，必定会陷入一种非常严峻的竞争状态。因此，企业应当重新定义自身的行业领域，并且重新评估自身的商业模式（如图 4–21 所示）。

同时，物联网技术带来的是超越企业、超越行业的连接，并且可以促进企业商业模式的变革，消除产业之间的隔阂，但它也可能会破坏行业构造与秩序（如图 4–22 所示）。

物联网给企业带来了双重的影响。其中负面影响有：从其他行业新加入本行业的企业数量增加；大型企业行业领域的扩张；不同商业模式的竞争。相反，正面影响有：本行业有机会参与其他行业的竞争；重新定义行业领域，从而发现新的商机，提高企业竞争力。

总而言之，毫无作为会将企业置于严峻的竞争之中，反之则可以获取新的商机。

大家不要认为我所阐述的事情要到 20 年之后才会实现。

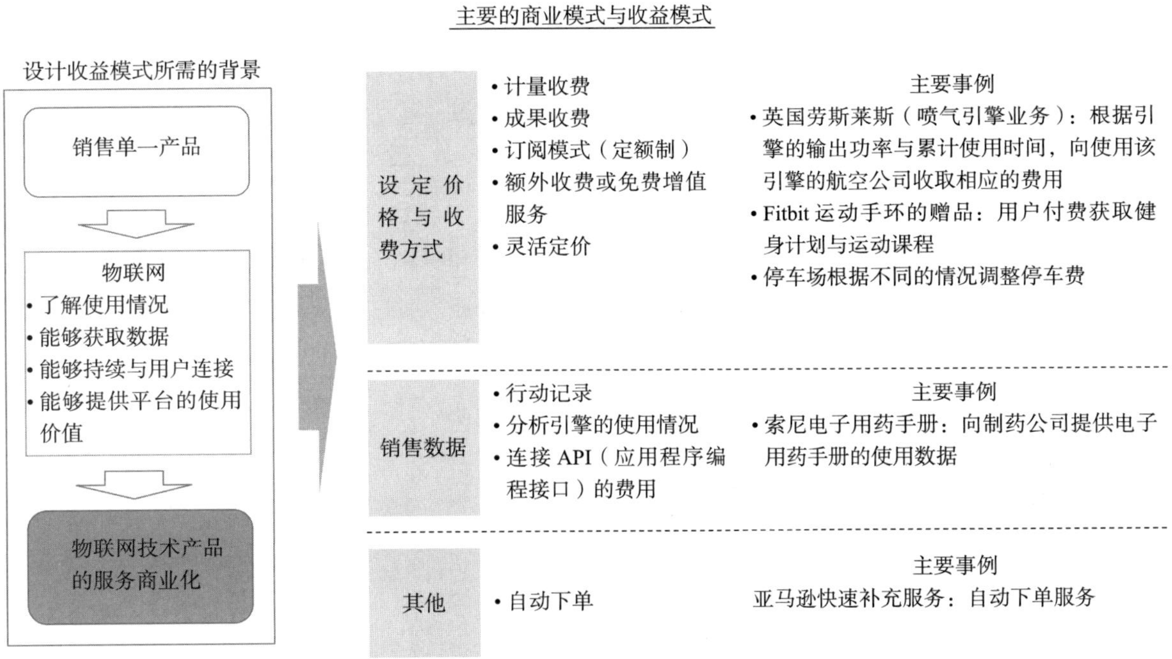

图 4–21　企业必须学习并引进各种不同的收益模式

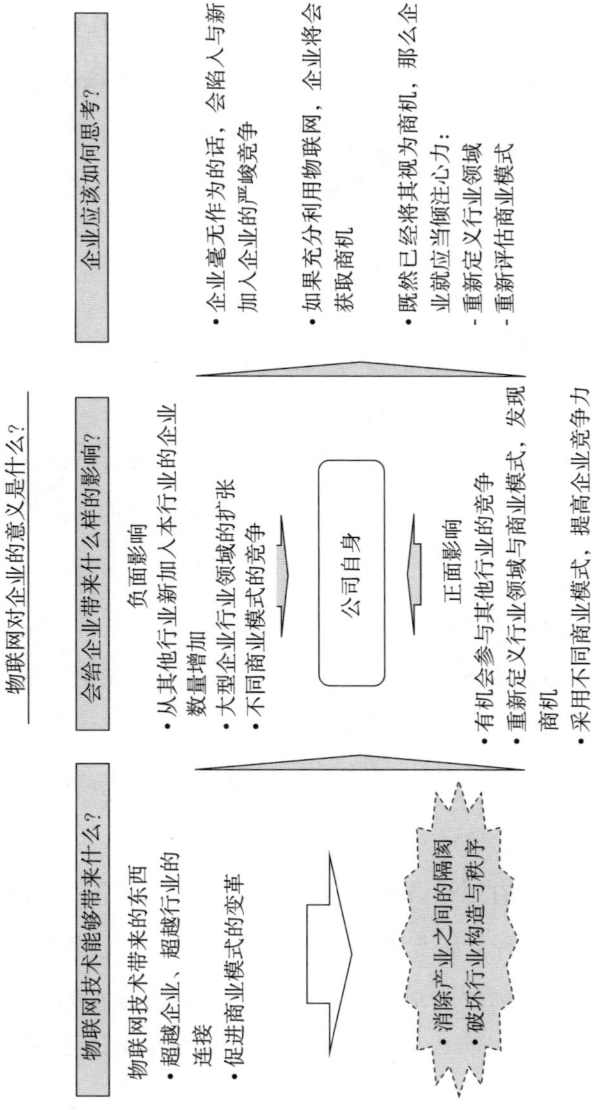

图 4-22　企业应当认识到，在物联网环境下毫无作为的话，必会陷入严峻竞争中，因此企业应当重新定义自身的行业领域，并将此视为重新评估商业模式的绝好时机

在现在的局势下，整个行业格局很有可能在一瞬之间改变。

重要的是企业自身要意识到物联网技术可以为己所用，并且进行实践，就算没有什么结果，也值得一试。当新趋势到来时，我建议你不要完全否决，也不要全盘接受，而是以“在这段时间先去试试看”的方式去迎接它（如图 4–23 和图 4–24 所示）。

“重视速度”是物联网的必胜关键

如图 4–25 所示，运用物联网技术，重点在于公司要提拔公司内的年轻人才，必要时也要寻求业界专家的协助。另外，公司也可考虑返聘长期在企业担当开发职位的人才。

运用物联网技术最好的方法是公司先从小规模业务起步，进展顺利的话再扩大规模。这一点与位置信息商业完全一致，重点在于掌握速度。在这块领域，我认为最重要的是一旦起步，就要有这样的气魄：“一气呵成扩大规模，不只吞并其他公司，就连其他行业也要一并兼容。”

在日本，人们有一种惯有的谨慎思维模式，那就是先从 0 到 1，如果效果良好，那么再从 1 摸索到 2。但现在已经不是这样的环境了，人们应当有从 0 做到 100 的决心。现在的日本已经丢失了这样的决心，物联网战略在这层意义上可以说是精益创业，也就是快速抓住革新行业的时机，如果起步顺利就要

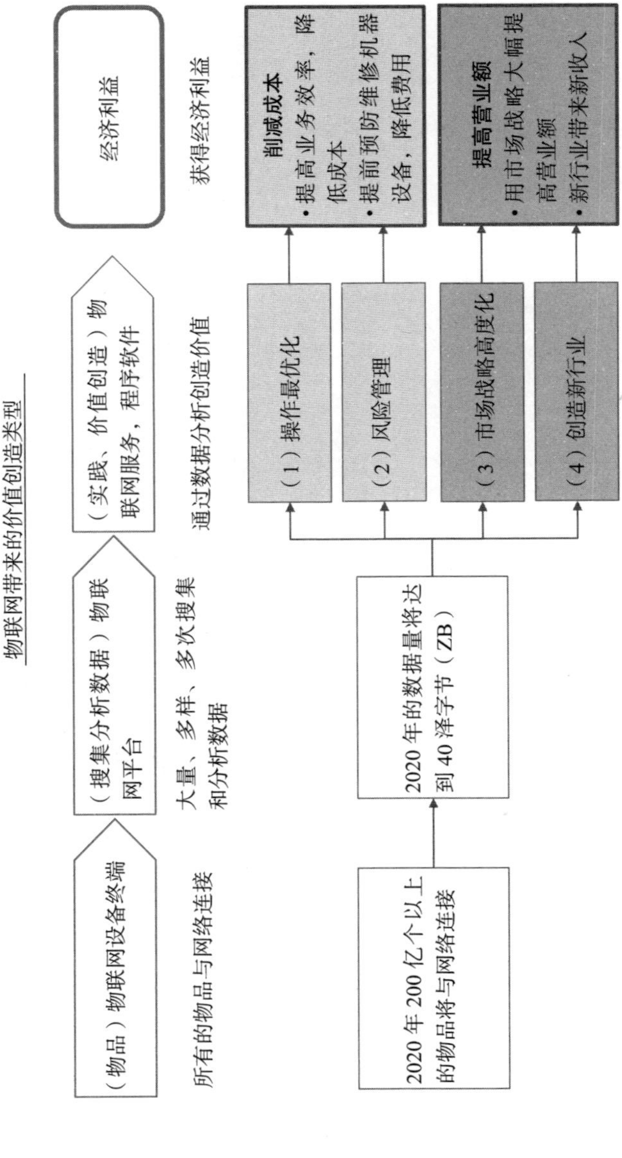

图 4–23　物联网商业的本质是运用搜集到的数据，通过创造新价值削减成本，增加营业额，获得经济利益

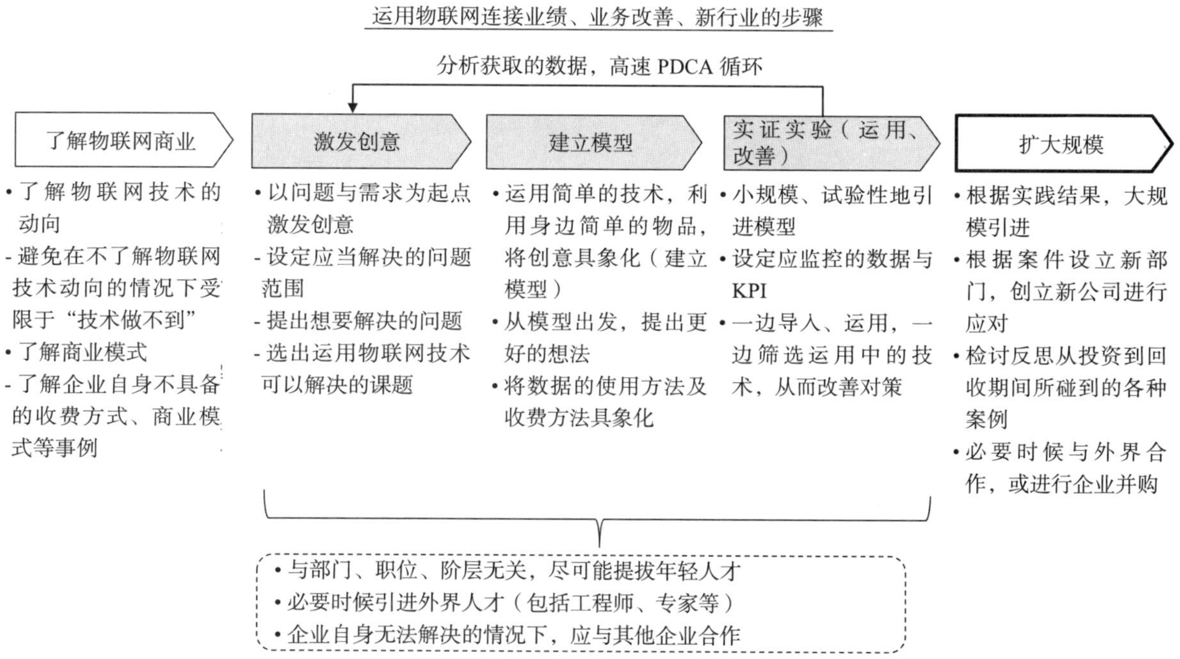

图 4–24　不论大企业还是中小企业，若要采用物联网技术，就必须提拔年轻员工或从外部招才揽智，同时建立小规模模型，重复假设，进行验证，从而扩大规模

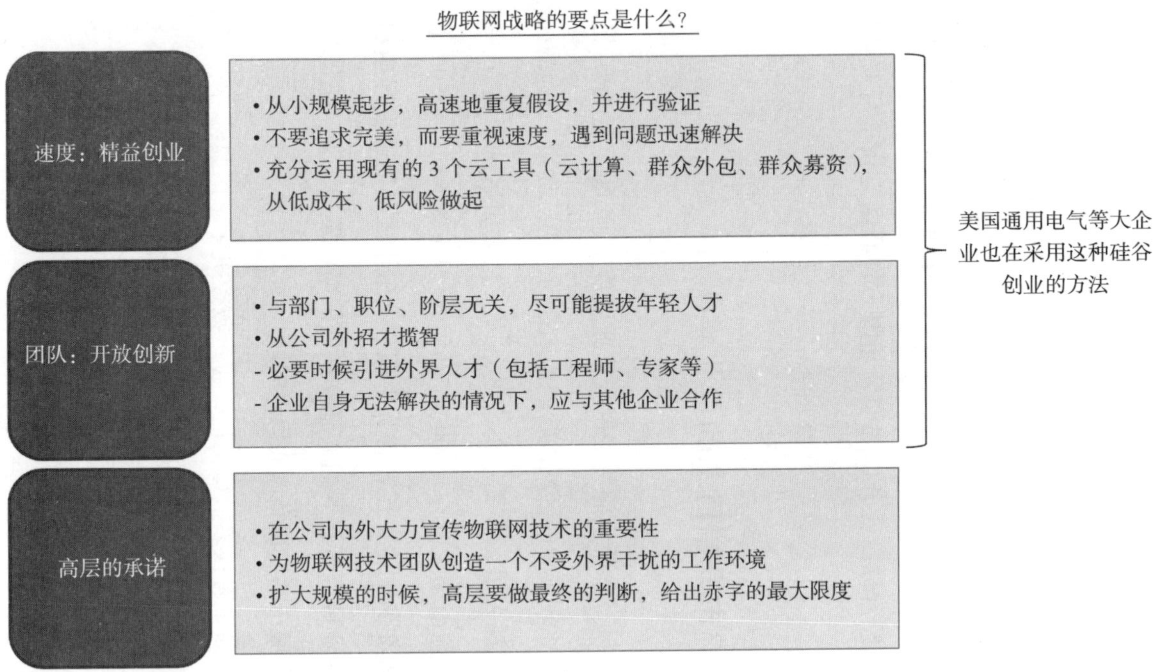

图 4–25　物联网技术的实践需具备速度、团队以及高层的承诺

一气呵成，扩大业务规模。

虽然美国通用电气等大企业已经将物联网技术贯彻到整个企业，但我觉得自由度高的企业才会是最后的胜利者。

现在，米其林轮胎公司与德国马牌轮胎公司在物联网领域处于核心地位，是运用物联网技术的代表企业。这两家公司以前只经营橡胶业务，现如今却因为物联网走在了行业的最前端。

从三岛市开始日本的工业 4.0

如果日本要实施物联网战略或发展工业 4.0，我认为可以在工厂比较集中的区域进行。比如静冈县的三岛市、东大阪市或东京都大田区等工厂林立的地方。在大田区这个地方，25 年前顶峰时期大概有 8 000 家工厂，但现在减少到了 1 500 家。即使现在匆忙将工厂转移到中国，这里也未必能够发展顺利，因此企业应当着手开始实施物联网战略，发展工业 4.0，应当从整个城市的发展角度去思考问题。

三岛市有很多机械工厂，生产数控机床、挖掘机、钻孔机和车床等机械。当然在这座城市也有很多机械方面的专家（如图 4–26 所示）。

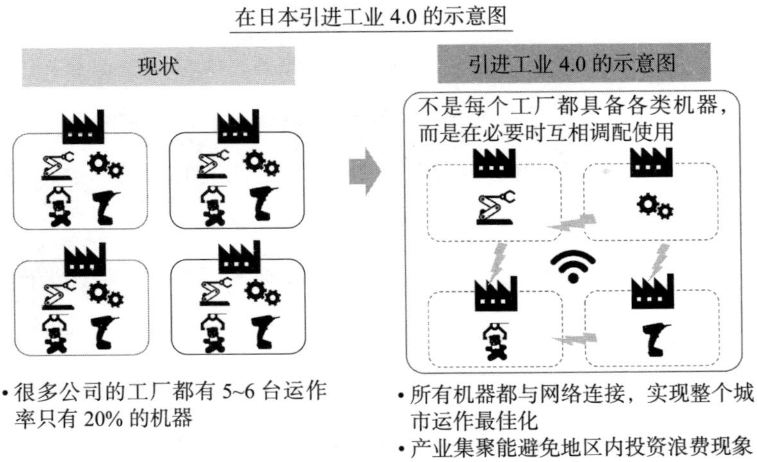

图 4–26　如果日本也要发展工业 4.0，应该在工厂集中的地区进行

在三岛市曾经有些企业斥资采购数控机床，但因运作率低下导致公司运营不善倒闭了。从整个城市的发展角度去思考的话，不需要每个企业都单独采购各类机器，企业应该在必要时互相调配使用。这么一来，就可以提高机器的运作率，同时也可以充分利用专家或技师的资源。

我认为三岛市只要有一半数量的数控机床正常运作，即可平衡盈亏，因此这就是从整体视角出发想出来的解决方法。我想，工业 4.0 在专家众多的三岛市发展开来，一定会非常成功。

以前我去意大利考察过，他们的发展方式也是从整体视角出发去寻求解决方案。我认为，今后这样的发展方式将会是商业模式的一个趋势。

我希望日本在三岛市这样的城市里，能够从整个城市的角度去思考发展方向，使日本领先于德国，成功发展工业 4.0。如果发展顺利的话，那么三岛市就可以成为所谓的物联网技术之城。首先从企业的角度出发，再从自家住宅的角度思考，最后要从整个城市的视角去思考。

若是要求政府来主持这一实践，这是不可能的。我认为倒不如集合当地危机意识较强的 4~5 个经营者去实施。一直以来，经营者们均视彼此为竞争对手，为了企业自身的生存绞尽脑汁去寻求战略。但未来不再是如此，未来是大家共同生存、共同思考的时代。请大家一定要共同努力、共同发展，将这个世界视为竞争对手。

附　录

技术立国的爱沙尼亚

爱沙尼亚共和国被称为“北欧的硅谷”。

爱沙尼亚共和国是波罗的海三国（拉脱维亚、立陶宛、爱沙尼亚）中最北部的一个国家，国土面积大概是日本的九分之一，比九州稍微大一些，人口与福冈市大致相同。这么小的一个国家却实现了电子化政府，走在了世界的前端。爱沙尼亚举国上下都在充分运用各种技术，有很多地方值得我们学习与借鉴。

在爱沙尼亚所实现的高度化电子政府以及电子行政服务中，扮演重要角色的是2001年开发出来的“X-road”系统（如图附 –1 所示）。

这个系统将养老保险、医疗保险、纳税等各行政机关的数据都整合在网络上。每个国民都持有一张内置 IC 晶片的身份证“国民 ID（身份标识号）卡”，只要持有这张卡片，国民即

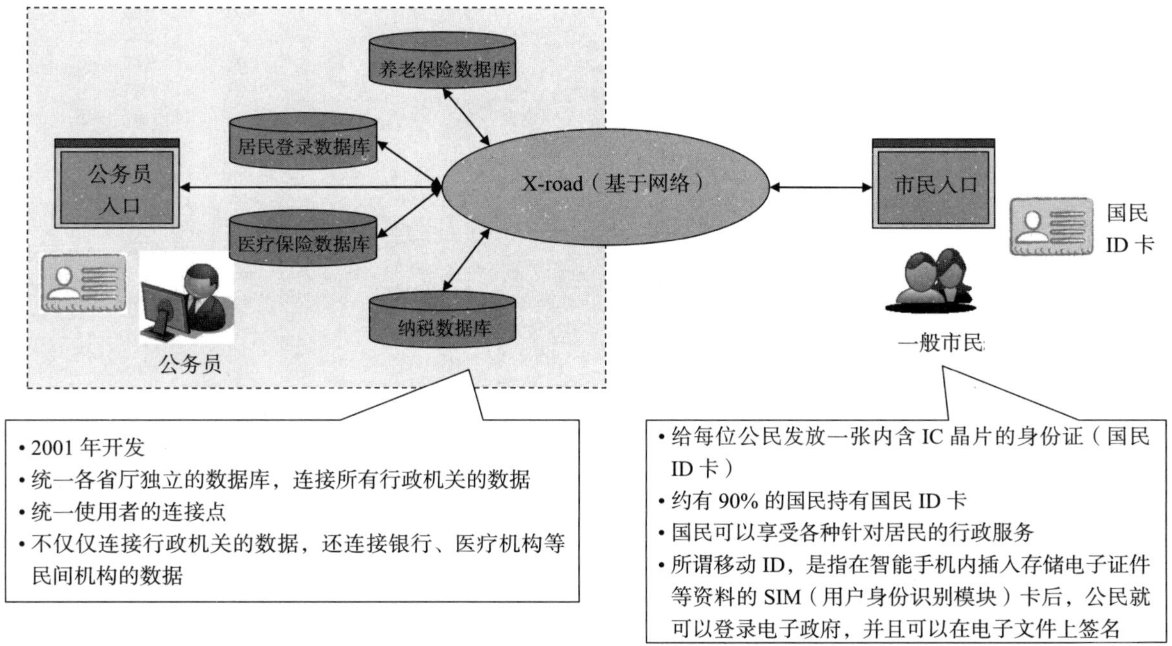

图附 –1　爱沙尼亚政府创立连接行政机关数据库的系统“X-road”，为使用国民 ID 的居民提供服务

可享受各项行政服务。

另外，最近爱沙尼亚还开始使用一个叫作“移动 ID”的系统，公民可以在智能手机上插入存储了电子文件等信息的 SIM 卡，并在智能手机上下载该应用软件，经确认是本人之后，公民甚至还可以使用电子签名。因此，公民大部分的许可或申请文件往来都可以通过这个系统来办理。

让我们来具体看一下爱沙尼亚的电子行政服务（如图附 –2 所示）。首先，2000 年爱沙尼亚在全球范围内率先引进了“电子内阁”系统（e-Cabinet），通过这个系统，政府可以召开内阁会议。爱沙尼亚内阁会议的议题可以被提前上传到网络上，国民能看到这些议题，议题如果能够提前达成共识就会在网络上直接通过，这样，有时候就没有必要特意召开内阁会议了。

日本引进了电子报税（e-TAX）这个系统，但在爱沙尼亚，有 95% 的国民在使用这个系统。使用这个服务，最少只要点击 5 次鼠标即可完成整个报税流程，而且可以退税，在几天后退税金额就会到账。除此以外，选举机构和警察局等也都引进了电子系统。

另外，X-road 不仅可以应用在行政机关中，也能连接银行、医疗机关等，因此医疗、教育、商业等领域也引进了电子系统。

在医疗领域，电子健康管理已经普及。医院使用电子病历，病患过往的病例以及健康诊断结果都被整合保存在一起。由于处方也实现了电子化，病患只要持有国民 ID 卡即可前往

爱沙尼亚电子政府和电子行政服务的范例

电子内阁（e-Cabinet）
- 2000 年引进（全球首例）
- 在网络上进行内阁会议的系统
- 将内阁会议的议题上传到网络上，事先达成共识的议题就可以直接在网络上通过

电子健康管理（e-Health）
- 引进电子病历，整合保存病患过往的病历以及诊断结果等数据
- 利用电子处方，病患只要持有 ID 卡即可在药店取药

电子投票（e-Voting）
- 使用国民 ID 卡进行电子投票
- 2005 年引进地方选举，2007 年引进国民议员选举。2011 年的选举中，分散在 105 个国家的选民共有 24% 的人通过网络投票

电子教育（e-Education）
- 电子学校系统：存储学生成绩、家庭作业以及出勤情况的数据库。学校、学生以及监护人都有权阅览
- 电子学习系统：老师为学生提供特别制作的教材的系统

电子警察（e-Police）
- 安装在警车上的系统
- 警察对违反交通规则的民众进行询问时，除了使用独自管理的数据库以外，也能连接到市民数据库，查询驾驶者的信息

电子停车场管理（e-Parking）
- 预测停车位不足时，适当调整停车费，防止车辆过度集中在某个区域
- 可在手机上缴费，以及查询有空位的停车场

电子报税（e-TAX）
- 2000 年引进，目前约 95% 的国民会使用网络报税
- 以前要花几个月才能退税，现在只要 3~5 个工作日即可实现
- 操作步骤最少只要点击 5 次鼠标即可完成报税

电子公司登记（e-Business）
- 申请登记时即使没有足够的资金也可以在之后补足
- 使用相同 ID 系统的葡萄牙与芬兰创业家也能用自己国家的 ID 卡在爱沙尼亚的系统登记公司
- 可在这个网站上阅览企业信息和结算信息

图附 –2　爱沙尼亚实现了电子政府和电子行政服务

药店取药。

在教育方面，爱沙尼亚已经开始运用电子学校系统（e-School）。学生的成绩、家庭作业以及出勤情况等信息都存储在数据库中，学校、学生以及监护人都有权阅览。另外，学校也使用电子学习系统（e-Learning），该系统可以让老师把自己为学生特别制作的教材上传上去。

爱沙尼亚在停车管理方面也采用了电子停车管理系统。在停车位不足时可以提高停车费，在空位充足时可以降低停车费，适当调整价格的策略可以防止车辆过度集中在某个区域。

在申请公司登记方面，爱沙尼亚也引进了电子公司登记系统。使用相同 ID 系统的葡萄牙和芬兰创业家可以用自己国家的 ID 卡在爱沙尼亚的系统中申请公司登记。即使在申请时没有足够的资金，他们也可以在之后补足。这个系统的目的是鼓励创业。

爱沙尼亚的电子行政服务已经成为世界各国学习的目标，丹麦已经将此系统作为参考了。然而我想日本要达到这种程度，恐怕还有很长的一段路要走。

覆盖纳税、投票到医疗、教育的 ICT 战略

如上所述，爱沙尼亚的国民 ID 卡在行政以及民间机构中被广泛使用。即使国民身处国外，只要在欧盟境内，国民 ID 卡也能够代替护照，作为证明身份的文件来使用。另外，国民

通过移动 ID 也能享受政府服务，这才是我所认为的 21 世纪。

除了爱沙尼亚以外，还有其他国家采取类似的系统，但是没有一个国家能够像爱沙尼亚一样将电子系统运用得如此透彻（如表附 –1 所示）。德国、美国的国民也都有身份证号码，但是还没有使用 IC 晶片，仍然是纸质化管理。法国也引进了内置 IC 晶片的社保卡，但其便利性尚未可知。

表附 –1　各国主要的身份证号码制度

国家	身份证明	主要使用范围	民间使用
德国	ID 卡	税务	禁止（税务等情况除外）
美国	社保号（纸质）	在养老、医疗、社会补助、行政服务等方面个人身份的确认	无限制
瑞典	无特定原则	在养老、医疗、税务、行政服务等方面个人身份的确认	无限制
奥地利	无实体卡片，只有概念，以社保卡等取代	养老、医疗、税务	经本人同意，可用于民间机构
法国	Carte Vitale（内置 IC 晶片的社保卡）	在养老、医疗、税务、选举方面的身份验证	基本上禁止
丹麦	无（在驾照等证件上登记号码）	养老、医疗、税务及其他行政服务	无限制
韩国	居民身份证（正在转移成 IC）	政府网站登录 ID，养老、医疗、税务	无限制
新加坡	国民身份证（塑料卡片）	电子政府网站登录 ID，公积金制度、税务	无限制

日本的个人编号制度是从提供者的角度出发的，可以让政府机构办公更加便利，但对国民来说没什么便利性可言。日本也应当开发类似“X-road”的系统，将所有数据都整合保存到一起。

后　记

移居数字大陆的人

正是技术 4.0 时代才需要“教育、教育、教育”

看不见的数字大陆已经形成，并且正在以飞快的速度不断扩展。即使日本表现出不喜欢的态度，日本人也已经开始使用优步、爱彼迎等产生自金融科技、位置信息、物联网等技术的服务。

规范这些新型事业无法保护国内的企业，所以国家能做的事只有一个，那就是培养在技术 4.0 时代能够创新的人才，国家需要教育、教育、教育！

我曾经为马来西亚前总理马哈迪担任顾问长达 18 年，当时马来西亚也曾因互联网发生过论战。

马来西亚的伊斯兰教教徒很多，他们大多反对互联网，理由是：“网络上有很多违反教义或者对小孩不利的东西。”马来西亚甚至开始出现禁止网络的言论。

如果拒绝接受互联网，那么这个国家将会永远停留在 20 世纪。当时马来西亚正在推动一项政策——“马来西亚 2020 计划”，希望能够在 2020 年之前进入发达国家的行列。如果想实现这项计划，拒绝网络是不可能的。对此，我曾向马来西亚总理提出建议，在其他国家觉醒之前，我们必须教育国民，马来西亚必须成为一个能够以信息附加值生存的国家，而不是靠劳动力生存的国家。

当时我强调“教育、教育、教育”，要加强教育，要将教育进行到底，教育每个人，使他们懂得如何获取信息，并且能够自己判断信息的好坏，这是一个国家繁荣昌盛不可或缺的条件。

如果一个国家一味地禁止，并且培育出无法进行独立判断的人，那么这个国家将永远无法进入发达国家的行列。培育具备判断能力的人才是一个国家的大业。

管制网络，将信息屏蔽在国民的视线之外，这是多此一举。我提出这样的建议，马哈迪总理也认同我的观点，因此他在教育上投入了很大的心力。

马来西亚在 2012 年人均 GDP 超过了 1 万美元，在数字上成功进入发达国家行列。

“二战”后的日本教育方针培养出了无法独立判断的人

在明治时代以后，根据国家方针，日本政府推出了一些教育政策，但最后都以失败告终。特别是“二战”之后，日本培养出了很多无法独立判断的人。因此，国民在选举的时候，选出的都是知名喜剧演员或其他知名度高的候选人，导致国家变得越来越奇怪。这对一个国家的长远发展来说，是一个很严重的问题。

这是当权者的问题。所谓民主主义是指当权者具备无限的智慧和能力，或者说该政党当权者的行动大致上都是正确的。然而实际上国家正在往不正确的方向前进。

安倍经济学（日本首相安倍晋三在2012年底上台后加速实施的一系列刺激经济的政策）进行得不太顺利，但是安倍表示只有这条路可以走，民众也认为“确实如此”。在野党不敢提出反对的声音——“不是那条路，应该是这条路”。也就是说，现在的政治家无法评论安倍的经济政策，媒体无法评论，专家也无法评论。现在的日本如同以前的集权主义国家一样，被善于鼓动的人牵着鼻子走。

并非只有日本是这样。希腊就曾表示不偿还欧盟的借款。希腊前总理阿莱克西斯·齐普拉斯（Alexis Tsipras）在竞选时曾主张不要偿还欧盟的贷款，因而被选为总理。但是，欧盟领导人纷纷指责这种观点，并表示如果希腊不按照欧盟的援助计划偿还贷款的话，希腊就会破产。在脱离欧盟之后，希腊该如何生存呢？由此阿莱克西斯·齐普拉斯才认清了现实。

如果被欧盟放弃，希腊就只能使用以前的德拉克马货币，但是人民不会想要持有一个破产国家所发行的货币。也就是说，希腊的人民一边投资欧元，一边投票给说好话的阿莱克西斯·齐普拉斯。

阿莱克西斯·齐普拉斯总理最后选择听从欧盟领导者的建议。结果他的支持率大幅下降，甚至被骂——“说谎的齐普拉斯赶紧下台”。

在我看来，这是一场喜剧而非悲剧，一场希腊喜剧。大众的教育水平越落后，大众迎合主义就越兴旺。

英国也在朝着脱欧的方向前进（2020 年 1 月 31 日，英国正式退出欧盟）。主张英国脱欧的人完全不提英国加入欧盟所获取的好处，却不断强调移民剥夺了英国人民的工作机会。听到这样的言论，难免会有英国国民认同，因此投票选择脱欧。然而事实并非如此。

2016 年，英国的失业率是 5%，在加入欧盟之前是 17%。在英国成为欧盟的成员之一后，投资人对投资英国非常积极上心，由此英国的失业率下降至 5%，接近完全受雇的水平。

但是，人们相信了移民会剥夺工作机会的言论。政治家以 100 年前的旧思想，提出迎合民众的言论并获得选票。

这些都是在民众教育上没有投入心力所带来的惩罚。

如果一个国家想要在21世纪存活，并且朝着正确的方向发展，除了发展教育别无他法。或者是抛弃民主主义，不允许没有独立思考能力的人进行投票活动。这两个办法是最终的选择。但是回到现实，从实际来看，禁止没有独立思考能力的人进行投票在法律上是不可能通过的，因此国家想要朝正确方向发展，唯一的选择也就是教育。

生存在数字新大陆的人

21世纪，正确的教育是指能够培养出在数字新大陆中生存的人的教育，或者说是面对竞争的教育。

在我担任校长的商务突破大学中，齐聚了拥有这种思想的老师。但是日本文部科学省的规定还遵循着一些20世纪的旧思想，比如，大学教师必须有博士学位等。这些思想令人惊讶的同时也令人很绝望。我不停歇地写书（包括这本书），发表相关言论，做出各种努力，但是我发现我的言论和思想怎么也无法传达给那些政治家或者行政机构。我在内心感到非常失望，但这都是事实。

1986年我在日本出版了一本书——《新·国富论》，1989年出版了《平成维新》（这两本都是日本讲谈社出版的），这两本书在日本市场的销量都超过了百万本。当时日本看书的人还有很多，有超过 100 万的人认为这些书对于日本的未来发展非常重要，因此自掏腰包购书阅读。但是，现在大部分人只会看概要，不太会买书了。

在 21 世纪应该如何生存下去呢？我们必须正视这个问题。我认为日本文部科学省可能要到 22 世纪才会意识到这个问题的重要性。但不论现状如何，我们这些有志之士必须从现在开始就投入教育事业。

这条路注定是孤独的。整个国家可能无法齐心协力、奋斗前进。虽然也有人质疑政府和大学到底在做什么，但是一直大声呼喊、提出观点近 30 年的我，最后得出的结论是：不论是政府还是大学都不会改变的。

不会改变是有理由的，21 世纪并不只是过去的延伸。

日本是擅长在小方面发展成长的国家，也就是说它比较擅长做一些小的改变，但不擅长将国家整体转移到新的战场去接受新的教育与新的价值观。从这层意义上来说，技术革命对日本这个国家而言是一种最棘手的革命，但与此同时，全球已经进入了技术 4.0 的时代。

我认为日本这个国家还没有以正确的态度去面对技术 4.0 时代。

学校方面只做了一小部分的改变，比如给每个学生都配备一台平板电脑。但是学校没有可以教授学生的老师。如此三年过去，只是学生用平板电脑比老师娴熟而已。

面对如此之大的变革，我们应当如何应对？依靠日本政府是不行了。但是，已经意识到新时代到来的你，是可以移居到数字新大陆的。

在美国西部拓荒时代，人们离开祖国前往美国大陆，破釜沉舟，竞相前往西部的最前线。而我们现在要做的事情也一样，如果想要移居数字新大陆，你就必须有破釜沉舟的勇气。

如果认定数字新大陆正是自己生存的地方，那么你就能够存活下来，那些永远等待着别人去带领的人是无法横渡密西西比河的，最终只能够留在对岸。

大前研一